사랑,
뿌리가 된다

사랑,
뿌리가 된다

조희조 지음

바른북스

**목
차**

1부

2부

1부

일이관지 - 꿰뚫다

"주님의 말씀은 내 발의 등불이요, 내 길의 빛입니다."(시119:105)

"하나님의 말씀은 살아 있고 힘이 있어서, 어떤 양날 칼보다도 더 날카롭습니다. 그래서, 사람 속을 꿰뚫어 혼과 영을 갈라내고, 관절과 골수를 갈라놓기까지 하며, 마음에 품은 생각과 의도를 밝혀냅니다."(히4:12)

기독교에서 말씀을 대하는 태도는 인격적 개념이 함께 작용한다.

말이라는 게 인격에서 나온 것이라 그리 생각할 수 있으면서, 무엇보다 말 자체를 인격적으로 보고 대하는 것이다.

이는 하나님이 하신 말씀을 하나님으로 여기는 것과 같다. 특히 오늘 히브리서에서 하고 있는 하나님의 말씀에 대한 이해가 더욱 그렇다.

우리는 나이가 들고 세월을 살면서 흔한 매너리즘에 빠진다. 매 순간이 처음 맞는 시간과 공간인데도 새것, 처음 것으로 생각하지 않고 익숙한 것이라고 치부해 버린다.

그래서 시간의 흐름을 느끼지 않고 둔감하게 세월을 보낸다. 그게 어떤 때는 치유가 된다. 하지만 길어지면 사람이란, 변화는 거부하고 안정만 추구하면서 그 인격은 꼰대가 될 가능성을 높여준다.

시간의 흐름에 넋 놓고 지내는 나는, 요즘 나를 질책하지만 뾰족한 수가 보이지 않는다고 탓하며 자책하기만 한다.

이십 대라는 불(火)의 시기를 보낼 적, 내 영혼은 오늘의 두 본문을 많이 의지했었다.

말씀이 삶의 길이고 방향성이고 무엇보다 정신을 꿰뚫는다는 표현은 시대를 사는 첨예의 언어였다. 다만 그 시절 예상치 못한 당황스러운 사건을 만나면서 내가 바란 인생이 아니라 전혀 다른 생의 경험에 괴롭고 절망스러웠다. 그때 하나님의 말씀 그 자체가 가장 큰 의지처였다. 그래서 하루에 수백 번을 외웠다. 내 정신에 새기고 내 마음에 새기고 나의 내면에 새기는 계기가 되었다.

지금처럼 막장의 절망적 환경에서도 그 시절 새긴 말씀의 힘과 가치를 외우고 의지한다.

가냘프게라도.

이 말씀은 아직 오지 않은 시간을 하나님의 사람답게 살아낼 지표가 되며, 이 말씀은 그런 힘도 전혀 없는 내가 그렇게 조금이라도 살아낼 능력이기 때문이다.

뒤안길

"악한 사람은 자기의 악행 때문에 넘어지지만,
의로운 사람은 죽음이 닥쳐도 피할 길이 있다."(잠14:32)

"여러분은 사람이 흔히 겪는 시련밖에 다른 시련을 겪은 적이
없습니다. 하나님은 신실하십니다. 여러분이 감당할 수 있는 능
력 이상으로 시련을 겪는 것을 하나님은 허락하지 않으십니다.
하나님께서는 시련과 함께 그것을 벗어날 길도 마련해 주셔서,
여러분이 그 시련을 견디어 낼 수 있게 해주십니다."(고전10:13)

지난 월요일, 오후 네 시가 가까워져 오니 마음은 급하고
무겁게 집을 나서야 했다. 늘 오후 네 시가 다가오면, 월요
일과 수요일과 금요일이면, 마음이 안절부절못한다. 오후
네 시라는 습관은 내 인생 사분의 일을 넘게 관성을 만들어
왔다.

고등학교 때 친구들과 복음에 대하여 좋은 토론을 했었다.

그렇지만 사람의 정신이 약하면서도 또 그 정신이 얼마나 중요한지도 겪었다. 내가 채 5년도 안 되게 쌓아온 나름 견고해진 사유가 친구들과 토론 중에 무너져 내리는 경험을 하며 무척 허무했다.

쌓아진 사유의 축대가 예상치 못한 곳에서 구멍이 나고 무너져 내릴 때, 심정적으로 찾아오는 마음의 여유는 포도밭을 헐고 다닌다. 그래서 허탈해진다. 그런 상태로 힘겹게 길을 걷던 내게 마주칠 일 없던 후배를 만나 교회에서 저녁 예배 때 특송을 해야 한다는 소식을 전해 듣고 겨우 정신을 차렸다.

지난 월요일 밤, 오후 네 시 넘어 시작한 투석이 밤 아홉 시 다 되어 끝났다.

몸은 축 처지고 마음은 어두운 밤인데도 하데스를 불빛도 없이 거니는 듯하다. 생각은 경보보다 느리고 느림의 생명체 거북이를 뒤따른다. 그렇게 버스를 타고 별다른 희망도 없이 현실만 겨우 수용한 채 내려야 할 곳에 내려서 집쪽으로 걸어간다. 어느 가게 앞 주인이 매어 놓은 하얀 강아지가 보이고 그가 앉아 있는 그 가까이 지난다.

순간 녀석과 마주치는데 괜한 미소와 웃음이, 숨겨놓지도 않았던 맘 깊은 곳에서 깜짝 올라온다. 녀석이 나와 눈인사하며 위로와 평안을 건넨다. 지친 내 마음은 괜스레 거절하고픈 생각도 있었을 텐데, 가벼운 위로는 거절을 거절하며 위로를 주니 폭포수 밑에 서 있기에 맞을 수밖에 없던 물보라처럼 내 마음을 만지고 간다.

하나님은 당신의 자녀들이 늘 힘겹게만 살도록 하지 않고 이렇게, 이런 식으로라도 살길을 여신다.

혼자 사는 신앙

"그러면 믿음으로 말미암아 우리가 율법을 폐합니까?
그럴 수 없습니다. 도리어 율법을 굳게 세웁니다."(롬3:31)

대학교 4학년 때였을까? '대안학교'에 대해 알게 되면서
그쪽 세계를 탐험하고 싶었다.

그러면서 대학원에서 공부할 때 선배, 동기들과 함께 '대
안 공동체 학회'를 만들어 탐사와 문헌 연구를 했었다. 국
외에 있는 공동체 생활을 하는 단체들을 찾아 연구해서 나
누고, 국내에 있는 공동체 실험을 하는 곳도 찾아가서 현장
의 얘기를 들었다.

그때 친한 벗이 군에 입대하기 전 선물해 준 책 『국가에
서 공동체로』가 마침 공동체 관련 내용이었다. 공동체라는
개념과 실천에 관한 책이었지만 사실인즉 물음만 더 깊어
져 갔다. 그러던 중 사역지에 나가 목사 안수를 받기 위한

행정 과정으로 '수련목회자'라는 수순을 밟았다. 그 시간 동안에도 공동체에 대해서는 계속 궁구했다. 하지만 가장 기초적인 공동체인 가정조차 경험이 없는 내게는 공동체까지 나아가는 데 역부족이었다.

초대교회가 로마제국 안에서 제국의 박해와 유대인들의 치밀한 저항에도 살아남아 오히려 제국의 종교로까지 갈 수 있었던 원동력은 새로운 공동체에 대한 열망이지 않았을까?

그 공동체의 원동력은 개인들의 다양함을 구제하는 성령이라는 보이지 않는 주체였을 테고. 물론 사사로운 생각이다.

요즘이라는 세태를 견디는 힘이 '혼자(홀로)'에서 나올까?

사실 어떤 이념이나 생각이 있을지라도 그것을 견지하고 끝까지 가는 힘은 혼자서는 매우 불가능할 것이다. 하지만 무엇보다 요즘은 '혼자' 안에 쌓인 축적된 경험들이 가득해야 한다. 누구를 위해서 견디거나 참거나 인내하는 세상이 아니라 자기 자신을 위해서 믿음의 싸움을 싸워야 하기 때문이다. 까닭은 우리가 알고 있던 공동체들이 탈선할 것만 같은 위험에 처해 있기 때문이다.

견고한 터는 자신에게 있다. 교회는 자기 자신이어야 한다.

사실 거대하게 바랐다. 큰 스승이 있어서 큰 바위 얼굴처럼 바라볼 대상이 있었으면 했다. 기댈 수 있는 비빌 언덕이 필요했다. 나아갈 방향을 제시해 주는 부처의 손가락이라도 있기를 바랐다. 하지만 그 손가락이 오히려 헷갈리게 한다. 분노케 한다. 정신을 잃게 할 뿐이다.

"홀로 행하며 게으르지 말며 비난과 칭찬에도 흔들리지 말라. 소리에 놀라지 않는 사자처럼, 그물에 걸리지 않는 바람처럼, 진흙에 더럽혀지지 않는 연꽃처럼, 무소의 뿔처럼 혼자서 가라."(『숫타니파타(Sutta-Nipāta)』 중에서)

이 외침처럼, 오늘 예수 믿는 사람들은 이렇게 살아야 할까?

위에 로마서의 본문을 보니, 믿음이라는 게 법의 폐지가 아니라 법의 강화라고 설명한다. 법은 사람을 구제하고 구원하는 도구인데, 법이 아닌 믿음으로 구제와 구원이 일어난다고 할 때 당연한 물음이다. 그러면 믿음이 법을 대체하기 때문에 법은 폐지되어야 한다고 생각하는 게 일반적인 사람들의 생각일 테니, 그런 일반론에 바울이 저항하며 설명한 게 오늘 로마서 3장의 본문이다. 믿음은 법을 폐지하

는 도구가 아니라 오히려 법을 강화할 뿐만 아니라 완성한
다고 말한다.

믿음의 주체인 사람들은 먼저 독자적 인간으로 살아야
할 테다.
법은 공동체적이며 국가적이다. 믿음은 독자적, 곧 개인
의 심사에 달려 있다. 법을 넘어 믿음을 강조하는 것은 개
인이 앞서 주체가 될 때 공동체가 단단해지고 오래간다. 법
은 제재이지만, 믿음은 자율이기 때문이다. 어쩌면 '홀로 행
하며 게으르지 말며 그물에 걸리지 않는 바람처럼, 무소의
뿔처럼 혼자서 가야 하는' 게 맞다.

이제 믿음으로 혼자서 갈 힘을 길러라. 그 '혼자'에서 다
시 '공동체'로 나아갈 것이다. 지금의 시대가 그렇다.

아전인수격 신앙 탈피

"조금만 더 참고 들으시기 바랍니다.

아직도 하나님을 대신하여 드릴 말씀이 있습니다."(욥36:2)

욥의 세 친구와 욥의 논쟁은 패러다임 싸움이었다.

특히 엘리후가 가진 패러다임은 욥의 처지와 상태에 대하여 이미 죄의 결과라고 단정 짓고 말한다.

오늘 이 본문은 그런 엘리후가 욥에게 하나님 편에 서서 단죄하며 내뱉는 말이다.

우리는 살면서 심각한 착각을 할 때가 많다. 지난한 패러다임에 빠져 마치 그것만이 옳은 것이고 정답이라고 닫아 버린 채 타자의 상황을 분석하고 판단해 버린다. 심지어 자신이 가진 낡은 패러다임이 최고요, 최선인데, 거기에 하나님이라는 정당성을 갖다 붙인다.

요즘도 엘리후 같은 신앙인들이 많다. 하나님을 제 편에 붙여 타인을 정죄하고 단죄한다. 하나님을 붙여서 타인을 괴롭힌다. 닫힌 패러다임, 날카롭게 날만 선 거짓된 패러다임, 이기적이고 이익 중심의 패러다임에 갇혀 독선 가득한 태도로 스스로 거만하지 말자. 특히 타인이 당하는 고통에 대한 견해와 태도만큼은 최소한 인간의 예의를 지키자. 하나님 편이 꼭 내 편이라고 아전인수 하지 말자. 고통당하는 사람을 위로한답시고 하나님을 끌어들여 정죄하고 단죄하는 언어를 쉽게 내뱉지 않기를.

우리는 늘, 매일 스스로 자신의 약함, 자기가 잘못할 수 있음도, 또한 유한한 존재임을 자각하고 성찰하는 태도가 훈련되어야 한다. 삶은 연습이고 실습이고 또 훈련이다. 무엇보다 실제가 삶이다. 올바르고 좋은 것들에 대하여, 아름다운 것들에 대하여 하는 실습과 훈련의 연속이다.

동일화, 겉과 속

"그리고 여러분은 그리스도의 것이요,

그리스도는 하나님의 것입니다."(고전3:23)

하나님께서 내 모든 표층의 겉이란 걸 잊지 않고 살려고 하는 사람들을 성도라고 일컫는다. 그래도 현실의 삶은 하나님을 표층으로 두고 있는 것과 차이가 너무 나서 다른 사람들에게 욕을 먹기 마련이다.

하나님께서 표층이라면 그 내밀한 속도 하나님과 동일하진 않더라도 많이 닮아야 하는데, 그렇게 살 수 없다는 사실이 현실이다. 죽기까지 속과 겉이 모두 동일하기를 바라지 않더라도 다만 닮기라도 하길, 근사치에 접근하길 바라며 사는 게 어쩌면 성도가 사는 인생일지라.

요즘의 나, 많이 쇠약해졌다. 겉껍데기도, 속 알맹이도 축

처지고 빈약해지고 점점 노쇠한 데다 자그만 충격에도 심하게 상처를 입고 치유 시간도 더디고, 느리다. 지금 지닌 상태로 하나님을 모시고 사는 생활에는 더 굳건한 의지가 필요하다.

생각하는 일에서는 더욱 자주, 마음먹는 일에서는 좀 더 단단하게, 느리지만 그래도 인정하며, 행동하는 데서는 몸에 맞게, 마음에 맞갖게, 그래야 지지 않고 견딜 수 있게 된다.

그렇게 성도가 되길 바라며 산 지 30여 년이 넘었는데도 어렵다. 아니 처음에는 사랑이라는 깊은 감정에 빠져들었으나 당신에 관해 아는 건 거의 없을 때보다 더 어렵다. 지금 나의 까닭은 선택하는 데, 성도답게 선택을 못 하는 경우가 더 많아서이지 않을까 가늠해 본다.

하나님께서 내 겉의 표층이고, 내 속은 성육신한 하나님이신 예수가 살과 피로 내밀하게 속속들이 채워지길 늘 소망할 뿐이다. 그 소망이 현실이 되고 사실이 되었으면 좋을 텐데.

선택하며 산 결과가 인생일 때, 그리스도인으로 살았다

고 하는 것 자체가 겉과 속이 아주 다를지언정, 결과론으로 행복했다고 결론지을 것이다. 하지만 그 안에, 살아온 한 땀 한 땀에는 그렇지 못한 실패와 즐겁지도 못했던 잘못된 선택들로 점철되어 있을 게 분명하다.

그럼에도 "그게 최선이었어."라고 말하며 나를 변호하는 까닭은 내 표층이 하나님이 되게 해주신, 성육신하신 하나님 예수의 내밀한 표층, 그 본질을 끝까지 믿기 때문이다.
그래서 우리 생애는 너무 무겁기도 또 너무 가볍기도 한, 신비의 일상이다.

인생, 스승이 되거라

"그러나 나는 네 믿음이 꺾이지 않도록, 너를 위하여 기도하였다. 네가 다시 돌아올 때에는, 네 형제를 굳세게 하여라."(눅22:32)

내 안에 베드로가 산다.

기본은 늘 최고가 되려고만 하는, 지나친 열정 때문에 과도한 실수를 하고, 잘난체하다가 되레 쪽팔림을 당하고, 일은 일대로 만들고 그르쳐 단단했던 조직을 부스러기가 되게 하고, 누가 못났다고 평하면 가엾이 모른 채 숨어버리고. 불같이 뜨거웠다가 얼음처럼 식어버리는 성격과 기질은 주변 사람들을 힘들게 하고 있다.

베드로가 저지른 일의 뒤치다꺼리가 얼마나 많았겠는가. 그런 스스럼없고 부끄럼 없다가도 부끄럼 타기 그지없는 베드로가 내 안에 산다.

예수는 그런 베드로를 두고 떠나야 했을 때 안심이 됐을까. 복음서의 역사가 종결을 향해 다가갈 시점이다.

"내가 너를 위해 기도했다."며 베드로를 독려한다. 이후에 벌어질 사건을 전혀 예측하지 못한 베드로는 이런 언사를 선생의 질책이나 권고 정도로 생각했을지도 모른다.

여하튼 예수는 베드로가 걱정이었을 것이다. 미덥지 못했을까. 아니면 선생 된 예수의 인간애가 걱정스러움으로 드러났을지도.

베드로의 어린아이스러움에, 이제는 자라서 어른으로서 우뚝 설 것을. 아마도 선생 예수는 불안하고 연약하기만 한 베드로를 독려했을 테다.

내 안에는 당시 베드로보다 못한 어리석음이 그대로 있다.

자주 별것 아닌 것에 흥분하고 분노한다. 쉽게 그런 감정을 풀지도 못한다. 맘의 넓이는 좁디좁아 이해심 없이 쉽게 짜증 낸다. 그러니 따르는 이가 없다. 자라오면서 생긴 편견은 벗겨지지 않아 아직도 속 좁은 행동의 이유가 된다. 경직된 사고와 행동으로 죽은 존비(存非, 존재하나 존재하지 않는)로 살 일이 두렵다.

선생 예수는 불안하고 불완전한 베드로가, 성숙하고 온전하게 자랄 것을 기대하고 또 그럴 것을 믿었을 것만 같다. 지금은 그러하나 시간을 쓰면서 더 큰 나무가 되어서 작고 약한 새들이 깃들어 쉴 나무가 될 것을 바라며, "내가 너를 위해 기도했다."고.

이렇게 말하기 전 베드로의 사정은, "사탄이 밀을 까불 때처럼 널 가지려고 바라고 있다."고. 그럼에도 걱정하지 말 것을. 우리 인생이란 게 미래만이 아니라 과거까지도 선생 예수가 걱정한 베드로를 향한 생애 표현처럼, '밀 까불어 대는' 인 것이다. 사탄의 체질에 심하게 흔들리는, 널뛰는 인생을 살고 있다. 지금 청년들의 삶은 더한 것 같다. 그런 널뛰고 흔들리는 젊은이들을 위해 선생 예수는 "내가 너를 위해 기도했다."고 힘주고 있음을 깨닫자.

살아내기

"이제는 나를 위하여 의의 면류관이 마련되어 있으므로 의로운 재판장이신 주님께서 그날에 그것을 나에게 주실 것이며 나에게만이 아니라 주님께서 나타나시기를 사모하는 모든 사람에게도 주실 것입니다."(딤후4:8)

면류관이라는 용어와 문화는 동양하고도, 오늘을 사는 현대인들에게도 친숙한 게 아니다.

잊힌 고대의 문화, 그것도 왕관식, 왕이 되는 행사에 사용되었거나 신정정치 시대 제사장의 화려한 입관식, 치열한 경기장에서 혈투와 같은 경기를 끝내고 승리했을 때나 볼 수 있는 세리머니였다.

여기엔 왕이나 제사장의 권위, 아테네 경기장에서 승리한 사람에게 영광을 허락한 승리의 유물인 면류관이라서 '의의 면류관'이라고 하면 그 의미와 가치가 바로 와닿지 않을 게 분명하다.

일반적 시민의 삶을 사는 보통의 사람들에겐 더군다나 권위, 영광, 승리를 쟁취하고 산 경험이 거의 없을 것이라서, 면류관에 대한 기대치가 거의 없는 것 같다. 특히 한국의 개신교회를 보면 그렇다.

한국 초대교회를 보면 이 세상 삶보다 저세상 삶을 더 동경하였기에, 오히려 비현실적 삶에 대해 지탄받았는데, 요즘은 현실적 삶이 자본주의적으로 극대화되어 가장 중요한 종교성을 상실한 기독교를 보자니 염증을 느끼게 된다. 실어증도 생긴다. 위장장애로 웬만한 문제들도 소화시킬 수 없다.

바울이 말한 면류관을 보자면 저세상에서 받을 것이라는 데, 면류관의 의의(意義)가 특정되어 있다. '의의 면류관'이라고. 이 세상에서 받지 않고 저세상에서 받는 게 첫째이고, 그것은 의로운 삶에 대한 보상이라는 점에서 두 번째다. 곧 죽음 이후에 보상이라고 사람들은 불평할지 모르지만, 바울이 저세상에서 받을 것이라고 확정한 까닭을 살펴보면 확실해진다.

'의의 면류관'은 삶에 대한 문제라는 것이다. 생애에 대한 결과로써 저세상에서 받는 상이요, 영광이고, 권위인 것이다. 그 삶은 의롭다고 특정된 것이다. 그러니 결국 '지금'의 문제다.

의로움(Righteousness)은 쉽게 풀자면, 올바름이고, 좀 더 달리 풀면, 사람다움이다.

종교성으로는 하나님이 창조한 사람으로서 '그다움'을 말한다. 의가 사라지고 무시된 인류사를 보라. 성경은 그래서 의인이 한 명도 없다고 한 것이다. 그런데 오늘을 사는 우리는 그 의의 배반을 더 크고 많이 느끼고 겪고 있다고 감각한다.

올바르게 산다는 문제는 사람으로 살면서 평생을 고민해도 정의하기 어렵다.

'사는 게 뭔가?'와 동일한 물음의 선상에 있기 때문이다. 사람으로서 숨 쉬고 먹고 마시고 싸고 자고 일어나면서 살고는 있는데도, 전혀 만족할 수 없을 뿐만 아니라, 괴롭고 외롭고 슬프고 아프고 가끔은 의미 없음에 따분하기까지 하다.

깊은 심연을 안고 살아야 할 기독교인으로서, 성과 속을 병행하는 삶을 살 뿐만 아니라 하나님께서 지으신 목적과 방향대로 살고자 몸부림치면서 한 땀 한 땀 애쓰는 이.

그렇게 생각하고 성찰하며 사는 이.

예수가 사람 되어 산 대로 살려, 매일같이 묵상하고 묵상하여 조금이라도 닮아가려 애타는 이.

오늘도 실패하고 실수하고 좌절하고 절망하지만, 숨 쉬는 생명인 한, 다음을 기대하며 내일을 기다리는 이.

삶의 저편에서 반드시 삶에 대한 의의 보상이 있을 것을 기대하며, 지금 이렇게 살아가고, 살아내고, 살기를 소망한다.

당신의 사랑은 와인보다 낫습니다

"나에게 입 맞춰 주세요. 숨 막힐듯한 임의 입술로.
임의 사랑은 포도주보다 더 달콤합니다."(아1:2)

고대부터 와인은 종교적 카테고리에서 중요한 가치로 여
겨졌다.

솔로몬의 아름다운 노래 안의 사랑, 한 사람의 사랑이라
는 가치를 왜 와인과 비교했을까, 의문한다면 대충 사랑과
견준 와인의 가치를 알게 된다.

와인은 보리로 만든 맥주보다 오래 보관이 가능하다. 무
엇보다 고대인들에게 와인이 종교의 의미를 가졌던 것은
와인만의 고유한 색깔 때문이었다.

사람의 피, 모든 생명을 의미하는 피의 색과 닮은 와인은
그대로 종교적이었다. 와인은 그래서 생명을 상징하는 피

를 의미했고, 솔로몬의 아름다운 노래는 피를 뜻하는 와인, 곧 생명보다 사랑이 더 중요하며 가치 있다고 읊은 것이다.

진정한 사랑은 그래서 곧잘 생명을 내어주는 그런 사랑이라고 인류의 DNA에 각인되어 있는 게 아닐까. 돌아보면 어렵지 않게 잘 알아챌 것이다. 인류가 진실한 사랑이라 부르는 부류나 사건은 모두 다 생명을 건 사랑의 행위라는 것을.

"당신의 사랑은 와인보다 낫습니다."

기독교 도그마 안에서 이 시구는 예수 그리스도 우리 주의 사랑을 노래하고 있다. 교리가 아니고 보편적 인류의 시각으로 본다고 해도 이 시구는 사랑이 생명과 연관되어 있어서 사람은 누구나 생명 같은 사랑을 갈구하고 욕망한다.

그것이 본질이며 본능이다. 욕망적 본능으로서 에로스만이 아닌 플라토닉한 애정, 욕망적 사랑도 포옹해 버리는 아가페 사랑은 모든 욕망과 욕정마저도 신성한 것, 성스러움으로 바꿔버린다.

그것이 사랑의 힘인가 보다. 그것이 사랑의 냄새인가 보다.

누구나 이런 사랑을 갈망하지만, 그 사랑이 행위로 실천되지 않을 뿐이다. 현실화하지 않은 욕구는 욕망이 돼 사람을 괴롭히며, 보이지 않는 이상을 좇게 만든다. 그래서 내재된 본질적 사랑 때문에 괴로워하고 절망하다 그 절망만이 현실이 돼, 절망이 그를 죽음으로 내몬다. 그럼에도 다시 살 기회가 있는 건 끊임없이 사랑이라는 본질이 그를 괴롭히기에. 사랑이 와인보다 나은 건 그런 까닭이다.

올가을에는 와인을 담가볼 생각이다. 으깨진 포도들이 술이 되기까지의 인생을 볼 것이다. 포도가 술로 변하는 변형의 꿈을 꿀지어다.

삶, 바람이 부추긴다

"나에게는, 사는 것이 그리스도이시니,

죽는 것도 유익합니다."(빌1:21)

이 본문을 읽고 2주 정도를 보냈다.

전에도 빌립보서 1장 21절로 글을 쓴 적이 있었다. 그때도 어려웠고 힘들었던 기억이다.

예수를 인격적으로 만난 이후, 그 삶에 대한 명백한 선언이기 때문인지. 글이 써지지 않았던 것은 그렇게 살기 어렵다는 현실적인 경험과 살 수 있는 능력 문제에서 잦은 실패가 준 판단 때문일 테다. 현실의 삶이 쉽지 않았기에 그럴 것이다.

문제는 주체에 있다. 주체와 객체가 동의, 동형이 되고, 정의가 되려면 말이다.

"내가 사는 것은 그리스도다."

이 문장은 그리스도인들의 삶의 명제다. 이 문장을 분석하면, 그리스도인의 신비한 삶의 준칙을 발견할 수 있다. 어떻든 문자나 언어, 논리에 머물지 않고 철저하게 삶이 되어야 한다. 각자의 삶으로 체화되어야 한다. 그 모양새는 각자 주체가 다른 만큼 다양한 삶이라는 결과, 열매를 낳는다.

먼저 이 문장은 주부(주체, 주관)와 술부(객체, 객관)로 나뉜다. 주부와 술부를 연결하는 관계의 지점은 정의(定義)항이다. 그래서 동의(同意), 동형(同形), 동질(同質)을 내포하고 있다.

여기서 삶이라는 현실을 살고 있는 주체는 문제에 빠진다. 주체는 '흔들리는 터전(폴 틸리히)'에 자리하고 있고, '불확실성(하이젠베르크)'으로 절망하며 불안해하고 있다는 점이다. 그래서 주체는 구원받았음에도 여전히 구원이라는 지점과 거리가 먼 삶을 살고 있다.

여기에 대해 객체는 완전이고, 또한 목적지이다. 분명 눈에 보이지만 안개에 가려 흐릿한 목적인 것 같다. 완전인 객체와 불완전하고 유한한 주체가 같지 않다는 데서 삶은 방향성(플러스든 마이너스든)이 생긴다.

지금 난 그리스도인이지만, 그리스도는 아니다.

그리고 어떤 시점의 장래에도 그럴 것이라고, 경험상 확신한다. 내가 거룩한 영으로 충만할 때는 그 목적지에 다다를 것이라는 믿음이 있다. 허무, 불안으로 충만할 때는 그 간극 때문에 더 큰 허무와 불안에 휩싸인다.

괴테는 「파우스트」를 통해 주체의 두 방향성을 말한다. 바울은 로마서 7장에서 극단의 절망을, 8장을 들어서자마자 그것과 반대되는 생명력을 말한다. 객체로서 완전과 닮지 못한 주체는 살면서 객체가 되려고, 흔들리는 터전 위에서 끊임없이 애쓴다.

그에게 기회가, 생명이 주어진 한 어쩔 수 없어서라기보다는, 주체가 반드시 객체가 되기를 애끓어 바라기 때문이다.

야훼의 손

"도망하여 온 그 사람이 오기 전날 저녁에, 주님의 권능이 나를 사로잡아서, 나의 입을 열어 주셨다. 그 사람이 아침에 나에게로 올 즈음에는 내 입이 열려 있었으므로, 나는 이제 말을 못하는 사람이 아니다."(겔33:22)

여호와의 손을 다른 번역에서는 여호와의 권능으로 했다.

10년이 흘렀다. 이식을 받은 뒤, 투석을 받지 않는 것만으로도 자유로웠던 10년의 시간이 지나 2007년. 그 손을 보았다.

그해 2월에 덕산온천 가까이에 있던 교회 겸 기도원이었던 시골에서 인천으로 사역지를 옮겼다. 2월 25일, 첫 예배와 동시에 부목사로 부임했다. 약 한 달 가까이 집이 구해지지 않아 친구네 집에서 지내며 보냈고, 25일 그날 예배하던 본당이 살 떨리게 추워서 결국 감기에 걸렸다.

그해 그 봄에 부임한 교회는 건물을 지어 이사를 준비 중이었다. 몸을 써야 하는 이사를 하고 5월인가, 내 이식한 콩팥에 이상이 생긴 것을 직감하고 다시 투석해야 한다는 사실을 알았기에, 먹어야 할 약을 포기해 버렸다. 당연한 결과지만 몸은 급히 죽어갔다. 견디다 못해 할 수 있는 게 교회도 나가지 않고 밥도, 물도 마시지 않고 3주 넘게 버티기만을 했다. 죽음 그 자체를 희망했다.

하지만 친구들과 지인들의 설득으로 삶을 다시 희망하며, 한양대병원 응급실에 갔다. 응급실 침대에 누워 급한 처치를 시작하기 전 순간 잠들었고 꿈을 꿨다. 그 꿈. 꿈인지 환영인지 알 수 없는 영상을 느꼈다.

내 침대 모양 곁 바깥으로 작은 손들이 있었고, 그 한가운데 크나큰 손 하나가 하늘 쪽 위에서 내려오고 있었다. 그 모습을 보자 무서워 내 몸 가까이 내려온 그 큰 손을 저어하려 했다. 그러자 오히려 내려오던 그 큰 손이 내 손을 툭 치며 내 온몸을 향해 내려왔다. 순간 '평강'이 나를 사로잡았다. 그리고 깨어났다. 잠깐이었는데, 내 온몸은 식은땀으로 젖어 있었다. 몸은 식은땀에, 마음은 평안에 너그러워졌다.

에스겔이 겪은 여호와의 손은 그런 것이었을까.

물론 이 이야기의 나중, 그러니까 지금은 그때와는 전혀 다르게 놓여 있다. 그때의 그 손과 지금의 내 몸은 어떤 결말을 말해야 할지 스스로 혼란스러워하고 있기 때문이다. 물론 분명한 것은 그날 본 꿈은 현실이었다. 여호와의 손은 내게 그렇게 확실하게 내려왔었다. 에스겔에게는 저녁에, 나에게는 오후에 있었을 테다.

상남자 베드로

"여러분의 걱정을 모두 하나님께 맡기십시오.
하나님께서는 여러분을 돌보고 계십니다."(벧전5:7)

베드로.

예수의 제자, 선생에게 사랑받던 제자, 그런 선생을 배반한 사람, 치명적 실수에 통곡했던 사람, 다혈질이었던 성격만큼 리더십도 있었던, 예수를 사랑했던 남자, 여러 이야기를 창출했던 사내, 열정적으로 살았던, 한때는 어부에서 뼈가 굵었던, 무식해서 용감한 이미지의 그.

그런 그가 교회의 수장이 되어 남긴 글은 그렇게 많지 않다. 인텔리와는 거리가 멀어 보이는 그가, 펜을 들고 글을 쓰는 일에는 재능이 멀 것만 같은 그가 남긴 편지. 그는 강력해 보이고 저돌적이며 어부의 손에서 익혀진 건장함이 묻어 있고, 우락부락, 다혈질적으로, 활동적으로 움직였을 그. 그런 그가 성도들에게 권고하고 있다.

"네가 가진 그 근심을 주께 맡겨라. 근심을 주님께 던져버려라. 네가 던진 근심을 받은 주님께서 너를 오히려 돌보실 테니."

그의 권유는 세심함과 거리가 멀다. 힘센 남자의 말처럼 단단한 근육미가 느껴진다. 섬세함과 전혀 거리가 멀다. 간단명료, 확연하고 단호하며 확실하다. 교회의 수장, 한때 어부였던 그를 느낄 수 있다. 그의 권유를 들어보라. 간결하고 단호하게 내리꽂는 필력이고 호소력으로 말하고 있다.

"네 근심을 하나님께 던져버려라.
그러면 하나님이 너를 돌볼 것이다."

걱정하지 말라고 명령하지 않는다. 다만 확고한 이유를 가지고 부탁하는 힘이 강력하다. 듣지 않을 수 없다.

'행동강령이니 행할 수밖에.'라는 어쩔 수 없는 복종이 아니다.
이해되었고, 설득이 되었으니 어떤 고난이나 장애가 있

어도 이 묵직한 말이 깊이 새겨져 절대 포기하거나, 잊거나, 잃거나, 놓아버리는 일은 없는 언어다. 깊이 묵직하게 자리한 텍스트는 삶을 위한 생명이며, 생애의 장엄한 훈령이다. 자, 다 함께 따르자.

"너에게 가득 찬 근심 걱정을 이제 던져버려라.

고기를 잡으려면 기운 그물을 바다에 던져버려야 하듯, 던져버려라."

빛을 보고 계신다

"그 빛이 하나님 보시기에 좋았다.
하나님이 빛과 어둠을 나누셔서."(창1:4)

하나님께서 빛을 만드시고 빛을 보았다고 하고 있다.

그때 하나님의 감정이 선함이었다는 점이 우리에게 놀라움을 준다. 빛을 보는데, 기분, 감정이 선함으로 충만했다는 것이다.

한겨울을 겪은 야위고 퀭한 사내가 봄이 되어 바깥에 나가 봄기운을 맛볼 때. 아지랑이 올라오는 들에서 노랑 개나리 보며, 그들이 차려준 기운을 맛보는 사내의 내적 상태. 이와 닮았을 것만 같다.

1995년 봄, 난 투석하기 위해 손목에 수술을 했다.

진통으로 하룻밤을 지새우고 부은 눈으로 집 밖을 나와

낮은 산을 다듬어 공원처럼 만든 뒷산 아랫자락에, 곱게 핀 개나리를 보며, 그 따듯하고 만족스러운 기운을 맛보았었다. 기분이 한껏 올라왔다.

그간 스물다섯 해를 살아온 내가 제대로 한 번 느꼈던 따듯한 기운이었다. 왜 없었을까, 분명 그간 그런 기운에 차 있던 때가 있었겠지만, 젊은 혈기, 어둠에 가득했던 나에게 그렇게 따듯한 적이 없었다고 스스로 판단해 버렸을 것이 분명했다.

따듯하고 좋았다. 차올라 오는 기운은 행복이라고 속삭여 줬다. 어찌 됐든 삶은 그렇게 기운찬 어떤 것이라고 말해주고 있었다. 그런 기운을 만끽하게 해준 사건이 하나 더 있었다.

병원 입원해서 손목에 수술까지 한 동생이 안쓰러웠는지, 막내 누나가 편지를 써서 주었다. 읽다 보니 그간 까맣게 잊고 있었던 고등학교 시절의 순수함이 느긋하게 떠올랐다.

'내가? 그랬어?'

고등학교 입학을 곧바로 못 하고 재수를 하게 되면서 신앙생활을 처음 제대로 시작하게 됐었고 고등학교에 진학하고 신앙은 조금씩 가열했다. 그때 난 가난했고, 부모님을 잃은 상실감이 지하실 방에 연기처럼 찼던 시기였다.

그래도 매일 아침이면 방에서 나온 뒤, 연탄이 가득 쌓인 지하실 부엌 한편에서 씻고 들어와 좁디좁은 부엌에 쭈그리고 앉아 기도한 후 그제야 홀로 학교에 갔다.

아침은 물론 점심 도시락도 일 년에 잘해야 열 손가락을 세었을까. 그런 나를 밝게 지탱해 준 것은 신앙, 곧 하나님께서 함께해 주신다는 지극히 당연한 생각이었다.

그런데, 대학을 들어간 난, 그새 그런 순전한 믿음을 까마득히 잊어버린 것이다. 그런 내 기억에 막내 누나가 보낸 편지는 잃어버린 나를 되찾게 해주었던 것. 누나의 달콤 쌉싸름한 편지를 읽고서 밖을 나가 산책하며, 하나님의 빛을 보았다.

밝고 좋았고 포근했으며 몽글했다.

하나님께서 빛을 보았을 때 그랬을까. 만족스럽고 평화
로우며 깊은 행복이 차올라 온, 그 빛을 보고.

어둠은 빛을 이겨본 적이 없다

"그 빛이 하나님 보시기에 좋았다.
하나님이 빛과 어둠을 나누셔서."(창1:4)

하나님께서 맨 처음 빛을 만드셨다.

빛과 어둠을 나눴다. 빛과 어둠은 결코 한곳에 있을 수 없다. 물리적 현상 속에서 빛과 어둠은 공존이 불가하다. 다만 인간의 마음 안에서는 빛과 어둠이 뒤섞여 있으니, 딜레마다.

2천 년 전 예수님을 통해 복음의 빛이 발하였다. 그 빛을 통해 사람들은 진리와 자유를 어렵지 않게 얻게 되었다.

창조부터 있는 영적인 빛은 숨겨져 있었을까. 영적인 빛을 알아채지 못한 사람들은 육에서 나서 육으로 끝나는 허망함이 있다.

복음의 빛 예수는 영적 빛에 대하여 소개했다. 그 빛은 우리 안에 존재하고, 우리 사정을 알고 하나님의 사정도 알아 소통시키며, 그 빛은 무너져 있는 사람들의 마음에 상담가로 일하신다고 소개했다. 또한 그 빛은 우리들의 잘못과 죄를 변호하신다고 했다. 이 빛 가운데 있어야 살 수 있다.

우리 마음에서 자리하고 있는 빛이 아닌 어둠은 그 확장력과 강력함이 남다르다. 이 어둠은 빛보다 훨씬 쉽게 힘을 키우고 '나'라는 한 인간을 장악해 버린다. '나'라는 한 인격에만 머물지 않고 공간을 뛰어넘어 타인에게까지 금세 전염된다. 그 속도와 힘은 $E=mc2$보다 강력한 듯하다.

특히 바울이 쓴 서신에서는 그래서 어둠에 휩쓸리지 않을 것을 강력하게 경고하고 있다. "악마에게 틈을 주지 마십시오."(엡 4:27) 어둠이 한 번 나를 잠식하면 스스로 헤쳐 나오기란 여간해서는 어렵기 때문이다. 하지만 성령의 빛 또한 강력함을 역설한다. 그것은 어둠이 빛을 이겨본 적이 없기 때문이다.

자란다

"우리의 주님이시며 구주이신 그리스도 예수에 대한 지식과 그의 은혜 안에서 자라십시오."(벧후3:18)

은혜를 다른 말로 믿음, 겸손, 지식(하나님을 아는) 등으로 바꿀 수 있겠다.

'자라가라.'는 말은 성장이나 성숙이라는 지점을 담고 있다. 자란다는 것은 멈춰 있다고, 정지해 있다고 생각하는 순간에도 자라고 있음이다.

실패했거나 지쳐 있거나 좌절하고 절망해 있을 때, 우리는 생각하기를 퇴보했다고 착각한다. 자란다는 것은 변화를 담고 있는 현상을 말하기 때문에 변화가 멈추지 않는 한, 생명이 있는 한, 계속되고 있다. 그래서 자라는 일은 살아 있는 그들의 가장 주요한 특징이다.

또 자라는 그들은 방향성을 갖고 있다.

자라는 것 중에는 아래로 뻗어가며 뿌리를 내리면서 주변으로 확장하는 것들이 있고, 위로 곧게 방향을 잡고 뻗어 올라가며 자라는 것과 위로 올라가되 휘어지면서 위로 향하는 것도 있다. 또 어떤 것들은 위를 포기하고 옆으로 나아가는 것도 있다.

어떤 것은 뿌리에 몇 년을 힘쓰느라 땅 위로는 보이지 않다가 순식간에 뻗어 올라가는 것들도 있다. 이렇게 모두 방향성을 갖고 자라난다.

이런 식으로 자연, 생명이 자라나는 특징을 생각하면서 베드로후서 3장 18절을 살펴본다.

우리도 은혜 안에, 그리고 하나님을 아는 지식 가운데 자랄 때, 그 특징과 성품이 자신에게 맞는 방향을 찾아가며 자라가고 있을 테다.

강한 것은 부드러운 것이란다

"내가 너와 함께 있으니, 두려워하지 말아라. 내가 너의 하나님이니, 떨지 말아라. 내가 너를 강하게 하겠다. 내가 너를 도와주고, 내 승리의 오른팔로 너를 붙들어 주겠다."(사41:10)

강하다는 건 무엇인가?

우리는 강한 것이라는 이미지에 대하여 착각할 때가 많다. 단단하고 딱딱하고 두텁고 부러지지 않는 것들을 떠올린다.

그렇다면 성서가 말하는 강함의 이미지는 어떨까?

에스겔서에 보면, "너희에게 새로운 마음을 주고 너희 속에 새로운 영을 넣어 주며, 너희 몸에서 돌같이 굳은 마음을 없애고 살갗처럼 부드러운 마음을 주며"(겔36:26)라고 기록한 글을 볼 수 있다.

강함은 부드러움이라고 직접적으로 지시하고 있다. 그러니 "내가 너를 강하게 할 거야."라는 이사야의 문장을 이렇게 바꿔볼 수 있다. "내가 널 부드러운 사람으로 바꿀 거야."

그렇다면 부드러운 사람은 어떤 유형을 말하는 걸까? 더 풀어가 보자.

프란츠 카프카가 쓴 『변신』에, 우리가 읽는 책이 굳어진 우리 생각을 깨뜨리지 못하면 뭣 하러 책을 읽느냐고 채근하는 내용이 나온다. 카피라이터 박웅현은 거기서 자신의 책 제목을 따왔다. 『책은 도끼다』라고 지었다.

막 태어난 갓난아이의 살갗을 만져보아라. 그 살갗을 만지는 이의 맘까지도 변화가 급격하게 올 정도다. 온유해지고 살랑살랑 보드라워지고 살며시 입꼬리도 올라간다. 심지어 심장에 온기마저 돈다.

사람의 몸은 죽음이 임박할수록 경직된다.

죽음이 임박했거나 죽음 직후의 사람 피부를 만져본 사람이면 안다. 주검은 순식간에 경직이 시작되고 심하게 딱

딱해지기 시작한다. 임종 예배 때 누워 있는 고인의 주검을 만지면, 만지는 이도 경직된다.

하나님이 우리와 함께하시면서 우리를 바꿀 것이다. 그 오랜 결과는 부드러운 사람이 되는 것이다.

콘크리트 길가에서 본 잡초, 그 단단한 콘크리트 사이를 뚫고 잡초가 올라와 있다. 강함을 대비하기엔 말도 안 되는 생명의 부드러움이다.

당당하게 말해

"요나가 매우 싫어하고 성내며… 여호와께서 이르시되 네가 성내는 것이 옳으냐 하시니라."(욘4:1, 4)

하나님이 요나에게 나타나 묻는다. "화를 내는 게 그렇게 잘하는 짓이냐?" 그러자 요나는 즉답한다. "어떻게 화를 내지 않을 수 있습니까?"

여름 더위에 괴로워하는 요나를 위해 호박 넝쿨이 자라게 하고 그 잎사귀로 뜨거운 햇살을 피할 수 있게 해줬는데, 그 평안도 잠시, 뿌리부터 말라간 호박잎은 금세 요나의 은신처를 헐벗고 가난하게 만들어, 그래서 요나는 화가 나 있었다.

그때 요나의 화난 상태를 보고 그 곁에서 하나님께서 질문을 한다. 하지만 요나는 너무도 당당하게 하나님께 대답

한다. "내가 화나지 않을 이유가 무엇이겠냐."고.

분노, 화가 반드시 죄와 관련 있는 것은 아니라고 성서는 말한다. 그러나 이 부정적인 감정이 자신을 오래도록 지배하지 못하도록 할 것을 권유한다.

버림받은 아픔에서 나온 화, 배반당하고 배신당한 상황에서 올라온 분노, 인정받지 못할 뿐만 아니라 무시당했을 때의 분노 등, 놀랍게도 내 안에 움직이고 있는 분노나 화는 그 칼끝이 모두 자기 자신을 향하고 있다는 사실이다.

어이없이 당한 아픔으로 생긴 감정인데도, 그것이 타인을 아프게 할 때도 있지만 늘 먼저는 자신을 상하게 한다는 것이 분노나 화가 가진 속성이다.

호박잎이 여름 더위에 뿌리까지 말라버린 것과 흡사 닮았다. 이런 부정적인 감정이 폭발하면 자기 혼을 말려버린다. 상처 내서 말라 죽게 한다.

그래서 분노와 화라는 감정이 일 때는 조심해야 한다. 조심할 뿐만 아니라 유심히 살펴보아야 한다. 물론 화가 난 감정을 내려놓고서 말이다.

그런데 요나를 보니 부러운 생각이 먼저 든다. 당당하게도 하나님께 화가 난다고 할 수 있으니. 그런데 또 잘 보면 나 역시도 요나만큼이나 당당하다. 떳떳하게 따진다.

왜 맨날 이 모양이냐고.

화가 나서 삐딱하게 외줄을 탄다고, 하는 짓이 모두 온유하지 못하고, 모가 나고 거세고 날카롭고 거칠었지 않았던가.

인자(人子)로 살다

"사람아, 포도나무 곧 삼림 가운데 있는 그 덩굴이,

다른 모든 나무에 비해 나은 점이 있느냐?"(겔15:2)

인자라는 표현은 죽음을 벗어날 수 없는 존재로서 사람을 가리킨다.

이런 인자라는 표현이 예수에 의해 사용하게 되면서 예수 이후, 인자는 그리스도라는 의미로 해석하려 들었다. 사실 예수 당신이 쓰신 인자는 오히려 구약성서에서 쓰인 대로 죽음을 스스로 각오하신 사람이라는 사랑의 현현을 직관하신 언어이지 않을까.

한계를 직시해야 할 사람들은 포도나무를 사랑했다.

포도나무는 일상생활에서도, 종교적 삶에서도 주요하게 쓰이기 때문이다. 그런데 포도나무의 높은 효용은 그 자체보다 포도에 있다. 포도 열매는 포도주의 원천이다. 그러니 포도나무는 은근히 자존심이 세고 자긍심도 강하다. 마치 시오니즘(Zionism)의 유대인들이다.

오늘 에스겔의 예언은 자긍심이 극도로 높아졌을 때 '사람'으로서 반드시 따져봐야 할 효용이다. 숲속에서 포도나무는 인간사 속에 한 개인으로서 사람이다. 그 가치를 따지니, 포도나무가 쓸만한 건 불쏘시개뿐이다. 곧 한계라는 본분을 잊어버린 사람의 모습이다.

자본주의가 중심인 현대사회를 사는 사람들의 모습 속에는 효용성의 가치로 일상을, 자신과 타인을 서슴없이 상처내고 죽인다. 진정한 자기 자신을 찾으려 하지도 않고, 행복해 보이는 어설픈 가면을 쓰고 살아간다. 너무 과하거나 너무 부족하기만 한 삶이다. 너무 넘치거나 너무 모자란다. 이 효용성의 잣대는 세움이 아닌 무너짐이다.

예수가 자신을 인자라고 스스로 칭한 까닭은 한계에 직면하기를 바람이지 않았을까. 죽음을 직면하기를 바람이지 않았을까. 영원함에 대한 인류의 동경은 끊임없이 인간 스스로를 위대함의 가면으로 치장시킨다.

진실로 죽음을 벗어날 수 없는 인간의 모습을 직면하자.

그리스도인들의 삶의 표준은 죽음(한계)을 벗어날 수 없는 존재로서 '인자'의 상징을 내면화하며 살아감이다. 그래야 하나님을 만날 수 있다.

통전적 교육가, 예수

"그 때에 예수께서는 성경을 깨닫게 하시려고, 그들의 마음을 열어주시고."(눅24:45)

2017년 여름이 지나며 귀뚜라미가 울어대는 아침저녁을 겪을 때다.

집에서 문을 열고 나가면 신발장이 놓여 있는 현관문이 있고 그것을 또 열고 나가면 세 개의 대리석으로 올려진 계단이 있다. 몇 개 안 되는 계단을 내려가 네다섯 걸음을 걸으면 이 집의 현관이다. 거꾸로 두 개의 현관을 열고 다음에 우리가 사는 집 문을 열어야 마루로 안착한다.

작년, 봄이 들어서기 전부터 청소년 통일 캠프를 세 번의 차수를 연이어서 기획, 준비하고 있던 차에 리더 목사님께서 간암 투병 중 끝내 소천하시고, 리더가 바뀌면서 나를 포함해 두 명의 사역자가 교체되었다.

인간관계의 단절로 인한 마음의 상처도 있었고, 한여름을 나느라 수척해지기도 했으며, 매번 투석할 때마다 생기는 마음의 생채기가 나는 '나'라는 실체를 붙잡고 있던 여름 끝자락 어느 날, 문을 열고 현관문을 지나 계단을 내딛는 순간 가녀린 생명체 하나가 눈에 들어왔다. 계단 사이에 쌓인 먼지에 얕게 뿌리를 내린 잡초 하나. 훈계하려 하듯이.

순간 잡초는 나에게 세상 이치 하나를 설명한다.

그리고 나는 위로 받는다. 깎여진 자존감에 졸아든 심장과 더위에 야윈 사내는 현관으로 더 나가기를 멈추고, 계단에 앉아 It(잡초)이 말하려고 하는 이야기를 듣고 있었다. 난 It의 사상이 단숨에 이해되었고 마음에까지 새겨졌다.

"어떤 상황, 형편, 배경이 그대의 것이라고 할 때, 그것이 못나 보이고 약해 보이며 초라해 보여도 그대에게 주어진 생명의 소임을 다하게."

선생 예수는 제자들을 지도할 때, 이성적으로만 말하거나 설명하지 않았다.

물론 비유도 많이 사용하면서 말씀하셨으나, 무엇보다

전인적(통전적)으로 접근하신 것이다. 마음을 열어, 보이지 않는 세계를 볼 수 있게 하신 것이다.

올해도 더위는 8월 한 달을 달궜다. 그리고 그 끝자락에 급작스러운 태풍이 지나쳤다. 늘 다니던 현관 앞 계단에, 올 늦여름 찰나 눈에 들어왔던 그 생명체가 크기의 반은 푸릇한 녹색으로, 나머지는 생명 다한 갈색으로 치장하고 있었음을 그제야 보았다.

"마태복음 13장에는 하나님 나라 비유가 있지. 그 이야기 중에 좋은 밭에 떨어진 씨앗은 깊게 뿌리를 내리고 열매도 배가했잖아. 그것처럼 어떤 바람에도 쉽게 뽑히지 않게 깊이 뿌리를 내리면 더 좋지 않겠니?" 선생 예수는 이렇게도 쉽게 당신의 사상을 설명하셨다.

두 해를 지나며 배운 지혜라 고마울 뿐이다.

선생을 만나면, 쉬워진다

"그리고 예수께서는 모세와 모든 예언자에서부터 시작하여 성경 전체에서 자기에 관하여 써놓은 일을 그들에게 설명하여 주셨다."(눅24:27)

내가 꼬마였을 때 아직 초등학교 입학 전 즈음일 때, 아빠에 관한 기억이다.

그 기억은 시간을 훌쩍 뛰어넘어 내가 대학 다닐 때, 아빠와 엄마를 정신적으로 화해하게 해준 몇 안 되는 기억 중에 하나다.

증도라는 섬, 그 안에 집들이 오밀조밀 모여 마을을 이룬 곳이다.

우리 마을은 이발소가 없었다. 그래서 다른 마을에 있는 이발소로 내 머리를 손질하러 걸어가던 길이었다. 오전 내내 비가 내리다가 멈춘 오후, 아빠는 이발소가 있는 마을로 나를 데리고 가셨다.

길 가던 중 하늘에 오색 빛 구름다리가 펼쳐졌다. 길가에 잠깐 멈춰 선 아빠는 자리에 그대로 앉더니 자세히 설명해 주신다. "저기 하늘에 떠 있는 오색찬란한 저것은 무지개이고, 무지개는 '빨강 주황 노랑 초록 파랑 남색 보라' 이렇게 일곱 색깔로 이뤄져 있다."고. 내 눈을 마주 보며 자세하게 설명하시던 모습이 기억에 아직도 또렷하다. 잊히지 않는 기억이다.

요한복음 15장 14절과 15절에는, 예수께서 제자들에게 친구라고 하는 내용이 나온다.

종(Servant)의 위치에서 친구의 위치로 그 지위가 바뀐 것은 상대의 뜻을 아는지에 달렸다고 설명한다. 종은 주인의 뜻과 상관없이 움직이지만, 벗은 뜻을 함께 공유한 위치라는 것을 가르친다. 그래서 스승 예수는 제자들에게 당신의 아버지, 곧 하나님의 뜻을 가르쳤으니 이제 제자들은 종이 아닌 벗이라고 일러준다.

인생, 처음 사는 시간 하나하나에 안내자 역할을 해주는 스승이 있다는 건 행운이다.

제자들은 예수 선생을 만나 새로운 가치를 배웠다. 부자가 아니라 가난해서 행복하고, 승승장구 풀리지 않아도 정당함과 옳음을 따르기에 행복하며, 그것을 지키고자 애썼으나 결과가 그대로 좋게 되지 않아도 괜찮다고 말해주니 편안하며, 고독함을 견디고 지쳐 있어도 어깨를 빌려주며 토닥이는 이 곁에 있으니 즐거운 인생이다.

선생님은 이렇게 가르치셨다.
"의를 살다가 고난 겪어도 오히려 그게 행복한 법이다."
라고.
자세하고 구체적으로 인생 하나하나를 잘 설명하신 주님을 따라 사는 삶이 제자도인 것이다.

그러니 쉬운 길이다.
좁고 지난한 길을 선택해 걸으니 오히려 쉬운 길이다. 선생의 가르침대로 살면 될 것을 내가 인생을 어려워하는 까닭은 내 안에 넘치는 욕심 때문이다. 욕심부리니 자꾸 복잡해질 뿐이다.
선생 예수는 상세하게 설명했고 그 설명대로 따르면 된다.

부재(不在)의 숲에서 고백하다

"주님은 나의 목자시니, 내게 부족함 없어라."(시23:1)

다윗은 자신의 현실, 삶에서 나온 신앙고백이 많이 있다. 그것 중 이 본문이 대표적이라고 나는 생각한다. 시편 63편 1절에도 다윗의 신앙고백이 나온다. 특별히 이 63편의 시에는 시를 쓰던 정황에 대한 설명이 있다. '다윗이 유다 광야에 있을 때'라고.

다윗 스스로가 유다 광야를 묘사한다. '그늘 없고 물기 없는 땅, 메마르고 황폐한 땅.'이라고. 그런 삶의 한가운데서 하나님은 메마르고 팍팍한 현실 그대로여도 하나님이라고.

우리는 믿음의 삶을 살면서 본능적인 환상을 갖는다. 복이 자기 본능, 본성을 채워주는 동기라는 환상. 몸이 아프면 나아짐을 기대하는 것, 가난에 찌들어 있으면 부자 됨을 기대하는 것, 눌려 업신여김을 당하면 권력 쟁취, 배고 프면 배부름, 온갖 잘됨이라는 복의 복을 원한다.

그때의 신앙고백은 욥이 실제 그리하였다고 기록한 것처럼 자기가 누리고 있는 그것이 사라질까 봐 조바심에서 하나님께 제사를 아끼지 않을 뿐이다. 의로운 욥의 승승장구와 전혀 반대에 있는 상황에서 우린, 그 지독한 오악에 상응한 오통 속에 살 때에라도, 하나님은 여전히 하나님이라고 고백한 것이 신앙의 역사다. 침묵하시는 하나님, 깊은 밤의 숨결에서 하나님을 고백할 때, 무엇보다 견딜 힘을 찾아낸다.

주님이 내 목자라는 비유적 고백은 현실에 뿌리를 두고 있다.

다윗이 십 대에 겪은 노동에서 흘러나온 자연스러운 고백일 테니. 양들을 돌보는 목자가 곁에 있을 때, 양들은 부족함이 없었다는 것을. 우리 하나님도 그럴 것이라는 분명한 인식. 그 경험에서 올라온 언어가 오늘 시편 23편 1절이다.

이 고백이 지금 내게 위로가, 평안이, 의지처가 되는 것은 내가 살고 있는 지난한 삶의 고통에서 자연스레 묻어나는 유사한 고백, 따라 할만한 고백이다.

또 한 명 여전히 의문을 달고 있으면서도 정언명령이라고 여기고 있는 사람의 고백이 있다. 하박국 3장 16~19절에 기록되어 있다. 소출도 소산도, 과정에 맞지 않는 참담한 결실에도 나의 하나님은 여전히 하나님으로 고백하는 그 의미, 신앙, 그 삶. 그것이 견디는 이유라고. 욥이 몸의 극단적 고통을 인용해, "내 살이 문드러지고 썩을지라도 하나님을 뵈올 것"이라는 입속의 언어. 삶이 주는 지독한 고생과 고통까지도 한순간 신비로 바꿔버리는 언어. 신앙인들의 지극한 언어로 튀어나온 고백이다.

오늘 밤에는 (나든 누군가에게든) 꼭 "사랑한다, 고맙다, 아름답다, 가장 귀하며 소중하다."고 말할 것이다. 고요히 귓가에, 영혼의 그 깊이에.

2부

괴리는 있지만 결별은 아니다

'나'에 대한 물음을 시작하면 견디지 못할 만큼 자존감이 파괴된다.

나의 정체성에서, 그 사건과 사실 앞에서 무너지고 만다. 이 크나큰 상처는 너무 쓰라려 죽음에까지 이르게 한다. 나를 발견했을 때, 그때의 참혹함이란.

모든 게 흔들리기 시작하고 무너져 버린다. 그 끝은 무저갱 같다. 존재의 아픔, 그리고 슬픔, 거기에 쓰라린 통증까지.

이럴 땐 '고요히' 숨죽인다.

탱탱볼처럼 어디론가 튀어 가버리거나 탈출하고 이탈할 수도 있지만, 잠잠히 숨죽여, 고통에 죽음을 무릅쓰더라도 고통스러운 그 순간을 감내하려 한다.

터널이 언제 끝나 여명을 보게 될지는 모르겠다. 다만 기억하여 꺼내고 싶은 생각은 사망의 어두운 골짜기를 걸을 때도 주님은 함께하신다는 것이다.

또렷한 기억이 흐려지지 않은 것은

중학교 1학년, 여름이 올 즈음 엄마가 돌아가셨다.

학교 수업 중이던 난, 신안군 증도에 하나밖에 없는 보건소를 향해 교실을 나왔다. 보건소에 혼자 도착해 보니, 엄마가 누워 계신다. 숨만 쉬지 않고 누워 계신다. 엄만 죽은 게 아니어서, 난 울지 않았다. 다만 엄마는 누워서 귀와 입을 하얀 솜으로 막아놓았을 뿐이다. 그래서 울지 않았다.

보건소는 한 번도 가본 적이 없었는데, 어떻게 찾아갔을까.

거기에, 아파서 숨을 몰아쉬던 엄마가 누워 계셨다. 그 뒤로 엄마는 한 번도 못 만났다. 만질 수도 없었고, 이야기도 같이 못 했고, 눈도 마주치지 못했다.

비가 천둥 번개 동반해 내리는 마흔여덟의 이 밤, 엄마가 누워 계시던 보건소의 마지막 만남이 거센 빗물과 섞여 흐른다.

쉴만한 물가

상황상으로는 평생의 반 이상을 사망의 음침한 골짜기를 걸어가고 있다.

그런 가운데 순간순간 푸른 초장을 거닐 때도 '가끔' 있다. 쉴만한 물가를 거닐 때도 있었을 듯한데, 다만 기억나지 않을 뿐이다. 아마도 사망의 골짜기를 걸어가고 있는 지금이 너무 강렬해서일 거다. 그래서 인위적인 작용을 강행하여 물가를 만들려고, 쉴만한 물가인 것처럼, 억지로 투정 부려본다.

인위적 작용의 의지는 앞으로 계속할 테다.

즐거움이란, 용기라든가 의지에서 발현되기도 할 테니.

하늘에서 주어지는 물가는 그야말로 은혜다. 그러니 그건 선물과도 같은 것이고, 주어지면 깨달아 누리기만 하면 된다. 깨닫지 못할 때가 아쉬울 뿐이다.

인생의 반 이상이 사망과도 같다.

절망적인 게다. 누가 이런 생애가 좋아서 선택할까. 어찌지 못해도 찾아와 현실이 되어버린, 죽음을 선택하게 하는 절망, 고통은 살아 있는 사망이다.

시편 23편의 시인은 그래도 푸른 초장과 쉴만한 물가를 먼저 기록했건만, 내 삶의 바탕이 음침한 골짜기에 아주 드물게, 여름 가뭄에 콩 난 듯, 듬성듬성 푸른 초장을 닮은 삶이 그려지는 건, 그저 괜한 아쉬움이다.

그래도 고맙다고 억지 부릴 수 있는 건 하나님이 나와 함께하고 있기 때문이다.

사망의 골짜기에서 홀로 걷고 있는 동안에도 고맙다는 말을 내뱉는 이유다.

배우고 배우며
배우는 사람이길 바란다

여전히 깊은 가치에 대한 배움이 부족한 사내다.

인생에서 가장 소중한 배움은 사랑이나 우정이나 배려나 겸허함이다. 이것을 자연스럽게 배울 수 있는 환경에서 자란 아이라면 참 부러울 일이다. 자연스럽게 배운다는 건 몸이 알아서 행동한다는 이치이기에 그렇다.

소중하게 여기는 가치들을 몸이 알고 있고 그렇게 습득해서 사는 사람일지라도 그 가치의 구현을 '인식'하는 것은 또 다른 차원이다. 몸이 알아서 움직이고 행동하지만, 인지적 차원의 앎을 습득하는 것 역시 필요하다.

불교에 논쟁이 하나 있는데, 돈점(頓漸) 논쟁이다.

돈오(頓悟), 한 번에 깨닫고. 돈수(頓修), 수행 또한 한 번에 완수하는 것이다. 또 하나 점수(漸修), 수행만큼은 점차 시간을 지나게 되면서 정점에 이른다는 주장이다. 이는 아마 평

행선처럼 해결되기 어려운 문제일 것 같다. 이 논쟁에서 나는 돈오돈수보다는 돈오점수에 더 높은 점수를 준다. 그럴 만한 것이 나같이 종교심이 강한 듯해도 그 재능과 능력 면에서 한참 떨어지는 사람으로서 점수가 더 현실적이기 때문이다.

나는 늘 배우고 배우며 배우는 사람이길 바란다.

다 배웠다고 한 번에 끝낼 수 없는 과정의 사람이다. 공부해야 한다는 의무감이 현실인 학생 때만이 아니라 학교를 졸업하고, 사회인으로 살고 있는 지금도 나는 삶을 배우는 이로 살아가고 있다.

학교 때의 정기적인 시험 평가가 없을 뿐, 내 삶의 과정에서는 비정기적인 평가인 시험이 아닌 시련이 더 생겼을 뿐이다. 다행이라고 할만한 것은 평가 결과가 객관적 수치로 나오지 않을 뿐이다. 하지만 내 삶의 시험과 시련에 대한 평가는 객관적 수치를 넘어 사람들의 시선과 시각에 영향을 더 준다는 사실이다.

실수하든, 실패하든 배우는 과정의 삶이다.

실수든, 실패든 또는 지나가는 어떤 과정이든, 그 모든 것은 미래라는 도전을 향한 과정의 한 지점일 뿐이다. 시간의 흐름이 과거에서 미래로 나아가는 중에 생긴 주요한 어떤 사건이다.

그래서 지금 내가 나에게 하고 싶은 말은 사랑을 배우라는 것이다.

사랑을 배운다는 것은 사랑하는 방법을 배우고 알아간다는 것이니, 그것을 배우라는 것이다. 불혹의 중반을 넘어 이제 지천명을 바라보는 나에게 하는 말이다. 사랑하는 방법을 배우려면 즐겁고 설레는 일도 있겠고, 반대로 쓰고 씁쓸하며, 고약하고 역한 냄새로 나를 어렵게 만드는 일도 있을 것이지만, 그래도 사람으로 태어나서 사랑하는 방법을 배워야 하는 것은 그만큼 하나님을 알아가는 길이라는 엄연한 사실을 인정할 뿐이다.

대중적 매력은 없지만
나만의 매력은 있다

마포노인종합복지관에서 강의를 시작한 뒤, 가깝게 된 어르신들이 몇 분 계신다.

물론 나의 강의 특성상 인기와는 거리가 멀다는 독특함이 있다. 그래도 사람이 자꾸 줄어들면 괜스레 미안하기도 하고 위축도 되곤 한다.

지난 월요일에는 강의가 끝나고 지하철까지 가는 길에 두 분께서 길동무가 되어주셨다. 가는 길에 느닷없이 어르신 한 분이, "선생, 거 좀 쉽게 가르쳐 줘요. 어려워서 그런지 사람이 많이 줄었어." 아, 맞는 이야기다. "그리고 프린트물은 글자체를 좀 크게 해줘." 아, 또 한 번 맞는 이야기다. 내가 강의의 눈높이를 어르신들께 맞추지 못한 것이다.

"내가 친구들을 데리고 오고 싶어도 재밌고 쉽게 하지 않으면 와도 실망만 하거든." 아, 또 한 번 맞는 말에 그저 고개만 숙인다.

재밌는 이야기, 사람 사는 이야기, 공감 가는 언어 위주로 풀어내야 했다.

"좀 쉽게 말해요."

이 문제는 평생의 숙제인가 보다. 그래도 어렵게 말하는 버릇 때문에 사람들은 오히려 생각을 많이 한다. 그렇지만 인기는 없다. 대중을 살피려면 쉽게도 할 줄 알아야 한다는 생각은 계속하고 있다. 나는 무엇을 하든 인기와는 거리가 먼 사람인가 보다. 내게는 쉽게 말하는 게 너무 어려운 숙제다.

우선 생김새에서 사람들이 좋아할 만한 부드러움을 갖지 못했다.

이건 아마 태생적인 요소도 있는 것 같다. 요즘 연애를 포기하지 않았다는 내 나름의 표현으로 온라인에서, 간단한 자기소개와 몇 개의 사진으로 사귐을 시작하게 하는 앱 (Application)을 했던 경험이 있지만, 이 역시나 현실인 게 매칭 프로그램으로 올려진 여성들의 기호에 내 얼굴은 십 점 만점에 오 점 이하나 잘 나오면 육 점이다.

그러니 어렸을 때부터 열등감이 될 정도로 난 외모에서

부터 점수 미달이다. 이 말인즉슨 인기가 있고 싶은 욕구나 욕망에 현실은 언제나 미치지 못한대서 나온 심리적 위축이 바로 열등감으로 자리한 것일 테다. 그러니 인기 없는 리얼리즘을 얼마나 많이 경험했고 경험하고 있음에도, 묘하게 그 모자란 만큼 욕망은 계속해서 생겨나고 그래서 약간은 힘겨운 모양이다.

그런 나를 인정하고 인지하고 어쩌면 포기한 듯이 살고는 있지만, 내게 대중적인 매력은 없다는 사실과 그래서 나만의 독특함을 아끼며 좋아하는 마음으로 보려 하는데도 밀려오는 씁쓸함은 어쩔 수 없다. 그런데도 나만의 매력을 즐거워할 줄은 안다.

뭔가를 어렵게 만들어 버리고, 또 풀어내도 어렵게 풀어내는 데는 탁월한 나만의 독특함이 가끔은 사랑스럽기까지 하다. 문제는 그런 나의 장점이 다만 대중적이지 않을 뿐이다. 어렵게 만들고, 어렵게 풀어내고 어렵게만 생각하는 나의 이 독특함을 알아주는 이들은 나를 참으로 깊게 아끼는 마음으로 봐준다. 하지만 내 안에 여전히 있는 거친 욕망은 그것만의 즐거움으로 차지 않을 모양이다. 자꾸 더 많은 인기를 갈구하니 말이다.

나는 나일 뿐이다.

곧 내가 가장 잘하는 것으로 즐거워하고 가장 잘하는 것
이기에 그것으로 사람들과 어울리는 것. 그게 좋다고 생각
한다. 그러면서도 어르신들에게 눈높이를 맞춰야 하는 것
은 강사의 당연한 의무다. 그래서 잘 안되는 방식을 스스로
애쓰며 노력해야만 한다. 어쩌면 또 그래서 나답지 않은,
나답지 못한 그것을 배우고 메우려 하면서 생기는 즐거움
도 생기는 것 아닐까.

나답지 못해 많이 실패하더라도, 그렇다고 나다운 게 없어
지지 않을 테니. 다만 나다움이 상대를 향해 조절하고 조정
하며 또 하나의 삶을 산다는 사실이 나다운 것은 아닐까?

감탄, 감격의 탄성

교회 앞 둔치에 나팔꽃들이 자기들을 봐달라며 아우성친다.
내 산책 루틴의 골목길. 여름 내내 채송화는 자신들의 품
위를 자랑하고, 나팔꽃은 파랑, 하양, 빨강으로 자신만의 선
명한 색깔을 드러내어 지나가는 이의 발걸음을 멈추게 한다.

여유가 없는 길이든, 그냥 노니는 길이든, 꽃들은 언제나
나를 멈춰 세운다. 아주 잠시 잠깐일지라도, 꽃들의 색과
자태를 응시한다. 젊었을 때는 나도 꽃이고, 풀이었을까?
길가 꽃들의 시선을 모르고 살았다.

멈추고, 쉬어 꽃들을 바라보는 이의 행동을 의심스럽게
생각하기도 했다.
지금은 내가 멈추고, 쉬어 바라보는 자가 되었다. 꽃들의
놀라운 멋스러움에 자연스레 멈추고, 꽃들의 이야기를 들
으려 귀를 쫑긋하고 인사를 건넨다. 그저 형용할 수 없는

아름다움에 감탄했다고.

그런 내 영혼이, 감탄만 하는 것에도 민망함이 가려져 있다는 추리를 한다.
불혹을 넘어 꽃들과 식물들을 보며 친근함을 가득 느낀다는 알 수 없는, 알아낼 수 없는 무언가 신비를 추적해서다.

서로 소통하고 싶은 무언가가 내 안에 있어서 그런 것인지, 꽃이 말하고자 하는 무언가가 있어서 살짝 예민해진 내 감각이 그 소리에 반응해서인지 알 수는 없다. 그 알 수 없는 감각이 혹여 나를 그리로 일깨우는 건 아닐까.

아무튼, 꽃들의 선명함과 경이로움이 나를 겸허하게 무릎 꿇고 앉아 바라보도록 이끄는 힘만큼은 이전에 예견치 못했던 나이 듦에서 온 앎이다. 파랗게 불타고 노랗게 불타며 붉게 색을 터트리는 꽃들은 나보다 자연히 감각적이다. 그것을 곧장 지시한다.

자연지기(自然之氣)

꽃이 피기 위해 지는 것인지.
지기 위해 피는 것인지.

열매를 맺으려 잎이 떨어지는지.
잎 떨쳐주려 열매 맺는 것인지.

무엇을 앞으로 놓으며 뒤로 감출지.
감춘 것을 앞으로 하고 앞선 것을 뒤로할지.

어떤 것을 정해진 것으로만 생각하면
재미없지 않을까.

적당한 긴장과 적당한 유연함으로
세상을 살아가는 자유로움을
원하노라.

견딤이란다

오늘 밤은 마음이 무척 힘들다.

우울하고, 누군가에게 시비를 걸어 싸움이라도 치르고
싶을 만큼. 이렇게 어둠이 차고 올라올 때는 그대로의 맘에
시달리지 않을 테다.

대신에 내게는 위로라는 현실은 없을 것이다.

오히려 견뎌야 한다는 하나님의 메시지로만 들을 것이
다. 그래서 '견딤이란다!'라고 나 자신을 타이를 것이다. 이
것이 내 안의 분노를 다스리는 현명한 대처법이다.

건조해 보일 수도 있지만 현실적인 판단이다.

다만 어떤 통증이나 격노한 상태에도 견딜 수 있어야 한
다. 견딜만한 이유는 현실이 겪어낼 장래에 대한 희망은 절
대 아니다. 오히려 미래는 칠흑일 뿐이고 지금과 다를 일은
없다. 하지만 죽음 이후에 펼쳐질 영원의 삶에서는 다를 것

이라는 믿음, 그것이 견디는 이유이고 희망의 이유다.

물론 이렇게 단정하고 있는 지금, 나는 어느 정도 혼란에 빠져 있는 것도 말해야 한다. 그래서 어쩌면 미래에 그러할 것이라고 기대하는 희망도 있을 수 있겠으나, 무엇보다 지금을 견딜 수밖에 없는 생명이라는 단출한 이유를 찾아낼 뿐이다. 규정할 수 없고 표현하기 어렵지만, 생명, 살아 있는 것의 명령이 견디게 하는 것 같다고 말하고 싶다.

견딜 수 있는가의 질문에 그 답은 중요하지 않다. 견딘다는 것은 견디는 현상일 뿐이고 견디기에 그것을 견디기 때문이다. 그것을 인정할 뿐이다.

죽음이 꿈같으니

"인생 살다가 죽음이 꿈같으나
오직 내 꿈은 참되리라."

새 찬송가 490장의 가사 중 일부이다.

작년, 2017년 말부턴가, 아니면 꽤 오래전부터 이 찬송 가사를 시시때때로 속에서 혼자 웅얼거린다. 무엇인가 내 무의식에서 일부러 이 노래를 끄집어내서 자각시키는 기분이다.

이 찬송가는 가사가 매력적이다.

꿈에 관한 이야기다. 이 노래의 가사를 쓴 '제시 브라운 파운즈'는 어떤 꿈을 꾸고서 이런 시를 썼을까? 밤에 꿨던 꿈이 인생 최고작이었을까? '마이 원더풀 드림(My wonderful dream)'이라고 격정에 사로잡혔을 정도였으니, 꿈을 꾼 이후의 생애까지도 그 감격에 휩싸여 있었을까?

대학 졸업식 날(1995년) 학내 사태가 발발하기 전날 밤에 꿨던 꿈은 아직도 잊히지 않고 나의 의식까지도 점령할 때가 있다.

고향 바닷가,

아버지가 개척하고 개간한 염전 길을 지나 둑에 들어서 바닷가에 도달했는데, 돌고래 새끼 한 마리가 있다. 저 바다 한가운데에는 어미 돌고래가 새끼를 기다리고 있는데 왠지 이 새끼 돌고래는 헤엄도 치지 못하고 둑 근처에서 헤어 나오지 못하고 있다. 이상하고 안쓰러운 마음에 새끼 돌고래에 가까이 다가가 보니, 가재와 게가 새끼 돌고래 둘레를 서로 싸고 있어서였다. 그것들이 그 아이를 둘러싸 상처를 낸 것이다. 그중 한 뭉치를 들어 떼 던져버리자, 순간 돌고래 새끼는 모든 상처가 씻은 듯 나았는지 바다 한가운데로 헤엄쳐 가는 꿈이었다.

새끼 돌고래에 대한 꿈은 내 자아에 대한 이미지를 말해준 것이리라.

그 고래가 어미를 떠나 자립하고 자강하기를 여전히 바라고 있다고 그렇게 스스로 해석했다. 그런 존재가 지금도 여전히 신체적 결핍에 작아지고 약해질 대로 상처가 나 있다.

꿈이라는 무의식은 상당히 강렬하다. 꿈은 현실을 성공이나 부, 권력의 삶으로 이끄는 속물하고 상관없다. 꿈을 꾼 사람은 현실을 인격과 연관시킨다. 사람됨에 지속적 영향을 끼치며, 자극하는 게 꿈꾼 자에게 나타난다. 그 꿈은 그이에게 이상적이기에 그렇다. 그래서 현실은 성공, 부, 권력과 거리가 더 멀다.

"인생 살다가 죽음이 꿈같으냐", 그 꿈이 살다가 죽는 이에게 참사람을 만든다.

포도 안에 씨앗이 포도를 품고 있다. 사람 안에 무의식도 사람됨을 품고 있다. 그건 꿈으로 드러난다. 나이가 들어 노년을 향해 느지막이 걸어도 더욱, 꿈을 사모해야 할 이유다.

미하엘 엔데(Michael Ende)가 쓴 『모모』 속의 숨겨진 도시처럼, 빠름과 느림은 반대로 나타나는 것이기에.

진짜 능력은 사랑에서

대학 학부 시절 학교에 가는 길은 시간을 달리는 만만치 않은 거리였다.

지하철보다 버스를 편하게 생각한 나는 좌석버스를 애용했다. 어느 날 학교 앞 정류장까지 가던 버스의 노선이 변경되면서 서울역에서 내리게 되었고, 학교까지는 이십 분을 더 걸어서 갔다.

그럴 때, 서울역 앞을 지날 때면 심적으로 괴로울 때가 많았다.

집 없이 거리에서 일상을 사시는 분들을 쉽게 보는데, 그분들을 보고 지나는 내 심사는 여러 생각으로 복잡했다. 안쓰럽다는 마음만 있지 무언가를 도울 능력이 없다는 사실에 괴로웠다. 그렇기에 그 상황 앞에서 '하나님, 마음은 아픈데 왜 할 수 있는 능력은 없지요?' 하며 묻고 다녔었다.

이 깊은 무력감은 지금도 풀지 못한 내 안의 문제다.

능력은 사실 자비의 문제다. 그때부터 나름 문제 해결로 삼은 생각의 고리는 '할 수 있는 만큼만 하자.'는 태도다. 만성신부전으로 투석을 시작한 뒤, 요가를 하면서 배운 삶의 자세이기도 하다.

세상을 구원하고 변화시키는 '사랑'은 나를 넘어서는 능력이어야 하기에 이사야는 메시아가 오실 것이며, 그는 구원할 능력이 있으시다고 선언한다. 그 능력의 핵심은 재능이나 기술 혹은 전능함을 넘어, 사랑을 전제하고 있다. 구원하러 오시는 이는 거기에 합당한 능력도 갖췄다. 그 능력은 사랑이 앞선 능력이다.

사랑은 놀랍게 자기 생명도 포기할 수 있는 능력이다.

사랑은 손해 볼 작정을 할 능력이다. 사랑은 지지만 그것이 이기는 능력이다. 사랑은 속도에서도 가장 느리기에 빠른 능력이다. 사랑은 헐벗고 헐벗었어도 부유한 능력이다. 사랑은 가장 가난해질 능력이다. 사랑은 그 어떤 모욕을 당해도 조용히 침묵할 수 있는 능력이다. 사랑은 가장 모자라고 모자랄 수 있을 능력이다. 사랑은 채찍을 맞고 침 뱉음을 당해도, 무시를 당해도, 배신을 당해도 침묵은 할지언정 책임을 따져 묻지 않을 능력이다. 사랑은 십자가에 달려 피가 말라 죽을 때까지 참고 견딜 수 있는 능력이다.

사랑은 그 사랑 때문에 대신이라도 죽을 능력이다.

구원하러 오실 이는 능력을 갖춘 이시다. 그러니 구원할 능력은 곧 사랑이며, 그래서 풍요하고 풍성하게 한다. 곧 사랑은 그 어떤 욕심과 부정함과 더럽고 불결한 것 모두를 단박에 씻어버리고 정화할 힘이다.

울게 한 자를 위해 기도하는 힘

"나는 사랑하나 그들은 도리어 나를 대적하니 나는 기도할 뿐이라."(시 109:4)

"기도는 증오에 저항한 가장 안전한 행위다."

살면서 겪게 될 원한 관계는 일어나기 마련이다. 실타래처럼 얽힌 복잡한 업보의 세상을 살다 보면 일방적이든 쌍방적이든 원망이 쌓이기 마련이다. 이유야 무엇이든 원한의 발생은 당한 사람의 인생 심사를 바꿔버린다는 것이다.

1995년 2월, 전교생이라 해야 대학원생까지 일천 학우 정도인 학교 졸업식에 3사 방송사는 물론 메이저급 언론사들이 와 있었다. 이유도 모른 채 졸업식 날, 학회 동기들과 일찍 모여 종로에 가서 당시 개봉한 영화 「레옹」을 보고 졸업식에 참여해 축하하기로 했다.

영화를 보고 돌아오니 학교는 아수라장이다.

총학생회가 중심이 되어 아레오바고 광장에 모여 데모하고 있다. 그러더니 갑자기 졸업식이 진행되던 채플실로 학생들을 이끌고 올라간다. 함께 따라 올라가 보니, 채플실 안은 혼란 가득한 장이었고, 누군가 책임자들이 '쥐구멍'으로 빠져갔다는 소리에 다시 우르르 아레오바고로 내려갔다.

먼저 광장에 내려와 있던 나는, 어디선가 갑자기 나타난 포텐샤 차량을 향해 "저기에 권력을 쥔, 책임자들이 타고 있다."는 소리가 들렸고, 순간 수많은 학생이 내리 달려가 그 차 주변으로 몰려들었다.

홀연 포텐샤 앞 범퍼 앞에 나는 덩그러니 서 있었고, 그런 어수선한 상황에서 차 안에 있던 권력자가 "밟아."라고 말하는 소리를 들었다. 차는 갑자기 속도를 냈다. 차가 속도를 내 달리자 나는 반사적으로 튕겨 올라 보닛에 바짝 엎드렸고 다행인지, 보닛 위쪽 파인 홈 때문에 손으로 붙잡을 수 있었다. 아레오바고 광장 쪽에서 학교 교문까지는 에스(S) 자처럼 굴곡진 길이고 경사로였다.

보닛 위에 올라탄 내가 체감한 속도는 60~70km 정도의 속도였다(나중에 운전했던 기사도 그 정도 속도로 밟았다고 했다). 그렇게 교문을 빠져나와 편도 3차선 도로로 나와 속도를 내며 달렸는데, 그때는 나를 떨쳐내려는 듯 차선의 안쪽과 바깥쪽으로 빠르게 오갔다. 서대문 로터리 신호가 빨간불로 바뀌니 차도 멈춰 섰다. '더 이상 달리진 않겠지!' 하며, 매달려 있었고 그 틈에 놀란 학생들이 순식간에 차를 에워쌌다. 하지만 신호가 파란불로 바뀌자 차는 다시 도망치듯 냅다 달렸다.

그때 차 안에 있던 그들과 차 밖에 매달려 있던 나는 서로 쳐다보고 있었다. 거기에는 그 어떤 소통도 일어나지 않았다. 다만 그 일로 난 전혀 다른, 원치 않는 인생을 살게 되었다. 차 안에 있던 사람들과 원한, 원망 관계가 되어버렸다.

다윗을 존경한다.
그의 인생을 고통으로 바꿔버린 사람들을 위해 기도한다고 하니. 실제 그런 그의 태도와 자세가 행동으로까지 나왔다.

나는 다만 추상한다. 원한의 그들을 위해서도 기도로 대

응할 것을. 나를 아프게 하고 힘들게 한 그들을 위해 기도
한다면, 내 마음은 치유가 일어날까?

증오의 덫에서 빠져나올 것이라는 추상은 할 수 있다. 문
제를 쉽게 푸는 방법이겠다 싶은 생각이 든다.

지렁이 같은, 신비

지난 2007년 여름이 시작되기 전, 인천 모 교회에서 사역할 때 내 몸은 느끼고 있었다.

그동안 10년 가까이 쓰던 이식받은 콩팥이 그 역할을 다 해간다는 것을. 10년 정도에 끝이 올 것으로 예측하던 감각은 종말의 시점에 오히려 무뎌지는 모양이다.

이제 목사로서 하고 싶던 개인의 욕망이었을 지도 모를 떳떳한 목회를 하겠다는 기대가 콩팥의 종말을 잊게 했는지도. 인천 모 교회에서 부목사로 만난 청년들과 청소년들은 금방 발견한 광맥 같았다. 서광과 같이 빛나는 하늘의 별들이었다.

흔히 말해오던 이런 이미지의 젊은이들을 실제 만난 건 행운이었다.

고등부 교사로 섬기시던 선생님들은 멋모른 부목사의 의

지처였다. 넉 달쯤을 그들과 함께 살았는데 정이 든 깊이는 몇 년을 산 것만 같다.

여름의 문턱, 6월 초경에 이식받은 콩팥의 종말을 예감했지만, 만나고 있는 현실은 몸의 현실을 눈감게 했을까. 무감하게 했을까.

종말은 무시하고 망각해도 온다. 오는 사건을 막을 수 없을 뿐만 아니라 왔을 때, 진정한 마음으로 대응하지 못하게 한다. 그때도 그랬다. 계속 현실을 부정하게 하는 몸의 증상에 진정성이 보이지 않았다.

몇 주를 그렇게 버티다 응급실에 실려 간 난, 간이침대에 누워 몽환을 직면했다.

신을 믿지 않는 이들에게는 단순한 무의식의 현몽이라 하겠지만, 수년간 겪은 하나님의 실존을 확신한 현상이었다. 그 사건 이후 지금도 투석은 받고 있어도, 오늘 본문에서 선포하고 있는 이사야의 언어에 동감한다. "주 하나님이 말한다. 내가 너를 도울 것이다."

이사야가 선포한 하나님의 도움은 무경험의 언어가 아니다. 수많은 경험의 결과로 나온 언어이다. 과거와 현재를 통해 장래를 예언한다.

지금 내가 살고 있는 현실은 2007년에 이미 받은 치유에 근거해 살고 있다.

"내가 널 도울 것이다."라는 체험과 약속의 선언 앞에 존재자의 실체를 이사야는 이렇게 비유한다. '지렁이 같은, 벌레 같은' 존재자로. 실제 인간의 최초는 단백질 덩어리의 유충에서 시작했으니 벌레 같다는 말이 맞다.

내 존재의 사실적 층위가 그렇다. '잘못 만들어진 질그릇을 깨버리지 않고 포기하지도 않고 끝까지 붙든 창조자'의 신비. 그 신비 안에 살고 있다.

그러하니 인생 사는 동안 고마움이 가득하고 신비로움이 가득하다.

여기, 지금 그러하니 은혜 아닌가. 우리 하나님의 말에 고요하게 귀 기울이자.

허무를 이기는 비결, 지금을 보다

눈에 초점이 없을 때의 표정은 공허함을 표출하고 있다.

허무한 마음은 표정에, 특히 눈에 드러난다. 표정은 언어보다 많이 말한다. 첫 만남에서 사람들은 상대방의 표정에서 안심하기도, 불안해하기도 한다.

표정 안에는 우선 눈이 있다.

눈에 드러난 미묘한 차이로 상대의 감정을 파악한다. 발화한 언어보다 분명함이 덜하기 때문에 이성이 동반한 합리성은 떨어진다. 그렇지만 언어의 이성보다 더 분명하고 정확하게 파악할 수 있다.

다음으로 입술을 주변으로 한 다양한 대화와 독백이 있다.

눈과 입술, 얼굴 전체의 총합 안에 미묘함이 숨겨져 있다. 어려서부터 엄마하고 아빠, 주변 지인들의 표정을 세밀하게 관찰하면서 감정의 변화무쌍을 습득한다. 그렇기에 부모는 입 밖으로 나온 음성에 더해 표정이 드러나는 얼굴이 동일할 때 아이의 진실과 정직을 파악한다.

"지루한 장마 끝/된장 속에 들끓는 구더기 떼를 어쩌지 못해/전전긍긍하던 아내는/강 건너 사는 노파에게 들었다며/담장에 올린/푸른 강낭콩잎을 따다/장독 속에 가지런히 깔아 덮었다."(고진하, 「푸른 콩잎」 중에서)

삶이 오래되다 보면, 진실을 잃기도 한다.
특히 아픔, 사람이 해결할 수 없는 어떤 것이 계속되면 초점이 사라진다. 가능성의 한계에 부딪히면, 그것이 자신의 검은 하늘이 되면 더 쉽게 진실을 놓아버린다. 자포자기한 심정으로 시간만 보낸다.

이럴 때 하나님의 말씀은 진심 살아있다(히브리서 4장 12절). 허공에 갇힌 시선을 현재의 살아 있음으로 표적에 맞춘다.

KBS 프로그램 중 「대국민 토크쇼 안녕하세요」에 십 대 소녀가 고민녀로 나왔다.
그녀의 고민은 소녀가 짊어질 필요가 전혀 없는 것들이

다. 엄마나 아빠가 저도 충분한 고민을 그녀가 하고 있는 게 안쓰러워 엄마가 출연을 결심했다. 출연진이 고민녀와 가족의 고민을 풀어가다가 고민녀의 아빠에게 평소 거의 하지 못했던, "딸아, 사랑한다."는 말을 지금 해보라고 권유한다. 아빠는 성격상 못했던 그 고백을 용기 내 말하는 순간 놀라운 일이 일어난다. 십 대 고민녀의 얼굴에 핏기가 돈다. 사랑이다.

용기를 낸 감정은 표정과 눈에 살아 있다.
시선을 돌려 살아 있는 것을 보자. 된장 속 구더기를 분자학적으로 잡아야 한다고 하나하나 가르치지 않아도, 어마한 학문적 설명이 없어도 된다.

중심에서 변방으로

2010년인가 후배가 책을 선물해 줬다.

후배를 통해 만난 작가는 장영희 선생님이셨고, 읽다 보니 김점선 화가도 알게 되었다. 장영희 선생은 어릴 때부터 돌아가실 때까지 장애를 안고 사셨다. 선생님의 책을 읽으며 그분의 인적 네트워크 안에 들어가고 싶은 욕구가 일어날 정도였다.

그녀의 『문학의 숲을 거닐다』는 글과 삶이 만나 쓰인 산문이라고 말하고 싶다. 뛰어나고 탁월한 작가들의 글과 장영희 선생님의 삶, 곧 그녀의 인생이라는 시간에서 만난 시선이 한 장 한 장 엮여 산문이 되었다. 거기에서 오는 매력이 있었다. 낮은 시선, 차분한 언어, 깊은 생각은 타인의 사건과 시간을 가벼이 다루지 않았다.

창세기에 보면 야곱이라는 사람의 이야기가 나온다.

이스라엘 족속 모두가 구원되기까지 그들을 경건한 사람들로 바꾼다고 말하고 있다. 야곱이라는 사람, 그리고 그 이름의 뜻이 인간에게 전하는 말은 거짓된 사람의 인격을 말하고 있다. 허황된 야망, 거짓에 기반한 성공, 성공에만 집착하는 잣대, 이기적 목표에 따른 열심, 신까지도 이기려는 집착과 두려움, 하지만 그런 야곱에게 자비를 베푸는 하나님을 볼 때, 구원의 방식이 엿보인다. 구원은 인간의 노력에서 기인하지 않고 오롯이 하나님의 몫이라는 대전제 말이다.

그러니 시간의 생애를 달리는 인간 각자는 경주의 애씀뿐만 아니라, 하늘의 은혜를 기도하는 게 맞다.

장영희 선생님 역시 장애가 있는 몸이 온전하기를 바랐을 시간이 잔뜩이었을 테다. 그녀의 몸을 제어하고 막았던 장애가 그녀의 마음에 생채기였을 테다. 그녀가 장애를 사뿐 안았을 때, 오히려 삶은 은혜가 되었고, 평안해졌을 테다.

내가 세상의 중심이 아니라 변두리요, 변방의 인물이니 원망과 분노가 내 안에 가득하다.

그런 마음이 나를 사로잡아 분으로 열심이게 한다. 그러니 나만 아프다. 내가 나를 생채기 낸다.

중심에서 한참 벗어난 주변부처럼 보일 때, 하나님을 아는 이라면 은총을 구하자. 변방은 언제나 중심을 위협하는 존재 아닌가.

떠남이 던진 불안

광명역에서 KTX를 타고 포항에 갔다. 벌써 한 달이 다 되어간다. 포항을 갔다 온 지.

오후 세 시 삼십 분경, 포항에 도착해서 한동대학교로 향하던 택시 안에 사역할 일행과 함께, 파리 한 마리가 무임승차를 했다.

올해 여름에 있을 청소년 통일 캠프에서 한동대학교 학생들과 함께할 소그룹 리더에 대한 설명과 프로그램 구상 건으로 함께 간 목사님은 앞자리에 나는 뒷자리에 앉았다.

내 눈에 띈 파리는 계속 눈에 거슬리게 이리저리 날아다녔다. 처음에는 그랬다. '이 파리가 저렇게 날아다니다가 운전하시는 선생님 눈에 띄어 운전을 방해하는 게 아닐까? 그래서 무슨 사고라도 나면 어쩌지.' 하지만 가벼운 기우는 현실에서 비껴갔다.

그러다 보니 파리를 향하여 다른 생각이 떠올랐다. '이 파리는 우리가 탄 택시를 무임승차해서, 편하게 날며 가고는 있지만, 분명 자기 고향과 멀어지고 있다는 사실은 생각도 못 하고 있을 텐데. 파리의 친구들이든가, 형제들이든가, 부모이든가, 최소한 파리의 직계 부모와 이별 아닌 이별을 하고 있을 것인데.' 그렇게 생각이 미치자, 택시 안에서 고요하게 날뛰고 있던 그 파리의 움직임이 불안해 보이기 시작했다.

시골인 내 고향을 떠난다고 할 때야 어릴 적에는 도시로 간다는 쾌재가 무엇보다 컸지만, 고향을 떠나는 그 사실은 실은 매우 불안한 것이었고 불쾌할 뿐만 아니라 외로운 것이었다.

떠나는 순간만 몰랐던, 불안은 그때부터 나를 몰아붙였다. 고향을 떠나야 했던 가장 큰 이유는 부모님이 모두 돌아가셨기 때문이었고, 변변치 못한 사내는 무엇도 모른 채 고향을 떠나 혈혈단신 도시의 각박한 삶으로 들어갔다.

그렇듯 불안한 내가 택시에 무임승차한 파리를 보며 계

속 쫓고 있었다. 여기에 앉을까, 앞에 앉을까, 운전하는 선
생님 어깨에 앉을까.

교감의 힘

존재한다는 사실들이 곳곳에 숨어 있다.

자기 존재가 그 첫 번째 증거. 이제는 경험과 선험을 넘어 존재를 부정할 이유가 없다.

그것이 극단으로 밀어붙여 인간 이성을 강화한 이신론을 빗대어 설명한대도, 그래서 역사에 내재하는 존재에 대하여 거부한대도, 큰 의미 없이 존재를 인정도 부정도 하지 않으며, 초월해 버린듯하다. 아직 확신은 못 하겠지만, 혹은 장담까지는 못 하겠지만, 존재의 존재를 받아들이고 삶을 살아내고 있다.

존재에 대한 부정이 대답이 되면 허무함뿐이다.

이것은 결국 나를 부정하는 것이고, 나를 부정하면 세계도 부정된다. 부정하지 아니하고 의심하거나 의구심을 살필 필요는 있다. 의심하는 행동은 매우 합리적인 절차이기 때문이다. 절차라고 한 까닭은 의심이 이성적 활동인데 이게 절차, 곧 과정인 것은 그것의 결과가 있을 것이기 때문이다.

인생이 존재이기에, 그 존재가 고통이고 고생이라면, 고통이 생애의 바탕인 존재자는 매우 비참하다. 다만 그럴 뿐이다. 유익이든 이익이든, 논할 필요 없이, 존재하는 삶을 살아내고 감내한다고만 해야 할 것이다. 다만 그 고통의 존재가 오직 홀로일지라도,

독존하는 존재들의 고통을 '공감'할 수 있다는 생의 공동체가 있음이 매우 신비다.
일상이 아니게 나타나는 이 신비가 어쩌면 존재자의 생애를 유존되게 하는 근원적인, 원천적인 '힘'일 것이다.

일상의 존재에 깔린 고통을 안고서도 생애를 누릴 수 있는, 비일상적 경험은 타자와의 교감이다.

잠의 평안

잠잘 때 평안하십니까?

나이가 들수록 잠들기 전 몇 분이 그렇게 좋다. 불을 온전히 소등하고 침대에 누울 때, 그 기분은 최상이다. 평화다. 안전이고 무언가 눕는다는 기쁨이 잔뜩 올라온다. 그렇게 길지는 않다. 아주 길어야, 감출 수 없는 혼자만의 만족스러운 시간이라야, 삼십 분 안쪽이다. 그렇게 혼의 즐거움을 맛보다 운 좋게 잠이 들어도 꿈이 나를 깨운다.

무의식이 활개를 치고 다니는데, 난 황망하게 당하기만 할 뿐이다.

몸의 수평과 수직에 맞추지 못한 불균형 탓이리라. 혼은 어릴 때로 돌아가, 억울했던 일들을 꺼내오고, 아직 어릴 적 아버지와 이별을 겪었던 감정도, 엄마와 다퉜던 몹쓸 아이도, 이제는 더없이 보고 싶어도 볼 수도, 부를 수도 없는 그리운 엄마를 향한, 그것마저도 아무렇지 않게 꺼내놓는,

내 고향 언덕들과 학교 가며 놀던 염전 길을 오가는 혼은 어찌나 외로운지, 불안한지.

서울 상경한 여전히 어린 사춘기 꼬마가 늘 시험을 치르며 무서워하고 직무를 유기하며, 열등의식 하며, 좌절하던 일상에, 자기의식조차 불쌍했던, 대학에 떨어지면 어떡하냐고 혼자, 위로도 못 하던 오싹한 세월이 갑자기 툭 하고 튀어 올라오기도.

다시, 지금까지도 투석을 받고 있는지라, 병원 침대에 누워, 가지런히 내린 팔에 두터운 주삿바늘을 찌른다고, 또는 목에 더욱 두껍고 큰 관을 삽입해야 한다고, 압박해 오는 의사와 간호사랑 실랑이도 한다.

산다는 게 그런 거지. 잠을 자는 게 그런 거지. 잠은 다만 깨어있음의 반대편일 뿐.
나이가 들수록, 잠자려고 침대에 눕는 잠시만의 평안에 즐거워한다. 심지어 낮잠이 스며드는 무서움에, 졸음이 심하게 꼬드겨도 꼿꼿이 앉거나 서 있던 낮이 아니라 죽음을 암시하는 밤, 그것도 늦은 밤 사경에, 그것이 신의 시간인

데도 신의 은총마저 마다하고, 잠시나마 인간적인 안위를
누리고 싶어 한다.

그 짧은 시간이 지나면 내 혼은 또 어김없이 내 살아왔던
그 시간을 돌아볼 것이고, 나는 또 그 시간 여행에 이리 뒤
척 저리 뒤척 하며 진땀을 빼고 있을 테다.

도라지꽃, 기억을 그리다

키가 큰 대는 꽃이 피는 여름 나절엔 도도한 여인네로 변한다.

꽃만 없으면 그냥 키가 큰 헛헛한 나그네다. 보라색 꽃은 에디슨이 발명한 축음기의 나팔처럼 살짝 처든 고개로 주변의 사람들을 내려다보고 있다. 비상한 꽃의 나팔 모양에 엄중하고 고귀하며 오롯하기까지 한 여황제를 모방한 보라색은, 아이들의 순박한 장난에 불꽃놀이도 엄중하게 허한다.

아이들 예닐곱이 산골 아래 한편에 흙장난하며 놀다가 비가 오려는지, 소나기가 한차례 지나치려는지, 개미가 떼를 지어 이사하는지, 재난 훈련을 하는지, 장관을 이루는데 한 녀석이, 훈련이 한창인 좀 크고 굵은 개미를 집어 들어 여황의 보드라운 꽃잎 안에 넣고 가둔 후 하늘을 볼 수 있는 봉오리까지 덮어버리는데, 그 일을 엄중하게 끝내고 한숨 거르면 여황제는 꽃에 불꽃놀이를 허한다.

이렇게 도도한 여인의 뿌리는 사람들의 지친 목소리와 거칠어진 인두와 식도를 치유하고 부드럽게 다듬는 능력을 소유한, 오랜 재상이었다.

길 위의 사람

뜨거운 태양 아래 사람들은 한적한데 꽃들은 힘이 빠진 모양새를 하였고 중년의 한 사내가 언덕진 길을 힘없이 탁! 하고 한 발을 떨어뜨리며 천천히 걷는데, 그 사내의 어깨는 내려앉은 듯하고, 고개는 반듯이 들고는 있는데 눈은 그저 당장의 앞만을 생각한 듯한 짧은 시선이다.

카뮈가 세상의 부조리를 읊었던 것처럼 길 위를 타박타박 걷는 사내는 세상도 없이 자신만의 부조리에 지쳐서 독기 어린 눈매를 감추고 있을지 모르겠다.

사람은 집중할 때 어떤 기운이 내비친다는데, 깊은 오한이 사내의 등골을 가벼이 떨리게 하는 걸까. "안돼 보여."라고 누군가 외로이 서서 가는 그 사람을 위로라도 해준다면.

길을 오르는 그 사내는 속으로 생각했다. 시간이 흐르는 것과 자신이 살아가는 이유가 비례곡선을 그리며 가고 있는데, 무엇이 더해지는 것이 아니라 빠지고 없어지고 사라지고 있다고.

잠시겠지만, 아직은 꽃을 보면 감흥이 있다는 것, 색깔의 천연스러움에 호기심이란 게 사랑스럽게 있어서 아직은 자신에게 고맙다고 말하고 있다.

채송화의 다채로움은 볼 때마다 시선을 끌고, 지금쯤이면 맨드라미가 올라올 것이고, 분꽃은 씨앗을 내느라 줄줄이 거뭇하게 달려 있을 테고, 코스모스가 가뿐히 올라온 길가에서 사진도 찍고 포즈도 취할 연인도 있을 것이고, 플라타너스는 보란 듯 꽃은 없어도 후손을 향한 열정을 쏟고 있으며, 길가에 아직 이름도 모르는 자잘한 꽃들이 꽃대에 달려 있을 테고, 한여름 접시꽃이 커다랗게 솟아 홀로 걸어가는 이 즐거이 보라고 당당하게 얼굴을 들이밀고, 키만 멀대처럼 큰 해바라기는 한낮이면 잠깐 생각에 빠졌다가 그만 졸고 있다.

많은 시간을 전도서의 초두부터 마지막 장, 절의 단락을 시작하기 전의 내용대로 숨 쉬고 움직이고 돌아다니며 만나고 있다. 일상이 전도자의 지혜가 지배하더니 점점 그 지배에 충성하고 충실히 이행하는 순종적 사내로 맞춰지고 있다.

여름을 견딘다는 것을 여름하고 싸움하듯 밀쳐내기만 하다가 말복이 다 되어갈 즈음엔 자기도 모르게 여름이 돼버린 아이처럼, 가시와 같은 고통이 일상이 된 사내로 지내온 오랜 세월은 전도서를 읽는듯한 생애를 펼쳐가게 하는 것이다.

그런 무의미의 일상에 아직 나무와 꽃들에 박혀 있는 색이 총천연으로 보여, 살펴보게 함을 고마워하며 감격하고, 조금 늘어진 의지의 사내가 언덕배기 길을 타박거리며 내딛고 있는 것이지.

잘 살다가 오렴

"얘들아, 와서 아침 먹자."

강의가 끝나자 아주 천천히 지하철을 이용해 병원으로 가는 길. 묘한 감정에 휩쓸린다. 갑자기 입 언저리에서 엄마라는 단어가 오물거렸다.

그러고는 바이블 앱을 여니, 요한복음 21장 12절의 구절이 눈에 들어온다.

엄마가 생전에 아침이면, 자식들을 부르면서 하신, "얘들아, 밥 먹자."며 채근하던 소리가 그리웠다는 것이 바닥에 숨어 있다가 순간 떠올랐다.

어른이 있고, 부모가 있고, 선생이 있고, 동료가 있다는 그리움이 노스텔지어인 것처럼 사람에게 그것은 본능인가 보다. 그리워 사무치지만, 현실화는 안 되는 것이 바로 시간에 얽힌 그리움이다.

이제는 30년이 훌쩍 지나가 버린지라 기억조차, 그리움조차 없다고 해야 할까. 묵혀져 버린 기억인 게다. 침전되어 더 이상 떠오를 리 없는 시간인 게다. 그래서 더 노스텔지어라고 할 것이다.

"떨어진 낙엽 쓰레기도, 흙이 되잖아요."
루게릭병은 정신은 살아 있지만 근육이 한계에 다다르면서 임종을 맞이하는 불치의 질병이라 전해진다. 현대사회에서 암은 죽음을 암시하고 있다. 그래도 현대 의학의 발전으로 암을 치료하는 경우도 종종 일어나고는 있지만, 의사가 "당신은 암입니다."라는 진단을 내리면 마치 사형선고를 받은 기분이 드는 것은 그만큼 암이 가지고 있는, 인류를 향한 공포로 작용하고 있다는 말일 것이다.

극단적인 질병으로 투병 생활을 하고 있지 않은 것만으로도 다행이라고 위안하지만, 얼마 전 마사지를 받을 때 관리사가 나에게 하는 말이 "그래봐야 희망 고문 아니냐?"라고 하더라. 듣고 보니 틀린 말은 아니다. 달리 보면 그 말이 정확히 맞는 말이다.
그 말을 들은 뒤라서 그랬는지.

월요일, 마포노인종합복지관에 강의하러 가면서, 내내 기도했다. "하나님은 내 영혼을 거둬갈 수 있으니, 이제 좀 거둬가 주세요. 내가 가정을 꾸릴 수 있는 것도 아니고, 그렇다고 목회하며 살아갈 것 같지도 않은데, 살아가고 있는 이 시간이 미련스럽기만 하니, 거둬가도 되지 않겠어요?"

무료한 일상이 죽음을 향한 갈망으로 몰아붙이고 있다. 이 이면에, 소리 하나가 미세하게 들리기는 하다!

세미한 소리는 말한다. "무료한 일상마저 소중한 삶이고 꼭 무엇인가를 하고 쓸모 있는듯한 행동만이 삶이라고 생각하는 건 엄청나게 잘못된 착각이야. 그러니 무료하게만 느껴지고 느리고 힘없이 지쳐 보이는 그 시간도 네게는 소중한 삶이니까, 잘 살다가 오렴."

사랑,
뿌리가 된다

초판 1쇄 발행 2025. 9. 25.

지은이 조희조
펴낸이 김병호
펴낸곳 주식회사 바른북스

편집진행 김재영
디자인 최다빈
마케팅 송송이 박수진 박하연

등록 2019년 4월 3일 제2019-000040호
주소 서울시 성동구 연무장5길 9-16, 301호 (성수동2가, 블루스톤타워)
대표전화 070-7857-9719 | **경영지원** 02-3409-9719 | **팩스** 070-7610-9820

•바른북스는 여러분의 다양한 아이디어와 원고 투고를 설레는 마음으로 기다리고 있습니다.

이메일 barunbooks21@naver.com | **원고투고** barunbooks21@naver.com
홈페이지 www.barunbooks.com | **공식 블로그** blog.naver.com/barunbooks7
공식 포스트 post.naver.com/barunbooks7 | **페이스북** facebook.com/barunbooks7

ⓒ 조희조, 2025
ISBN 979-11-7263-585-5 03810